教職あいうえお

校長・教頭・ミドルリーダー・担任・初任のコツとアイデア

白鳥秀幸 著

まえがき

習志野市立大久保東小学校の助教諭が初任のスタートでした。世の中を甘く見ていた私は、小学校の3年・4年の担任をすることになりました。初任校長として着任した姉崎高校の「マルチベーシック」の作成にあたり、この経験が教材づくりに生きたことが忘れられません。

釼持徹校長のもとで新設校の学校づくりを経験しました。学事出版の『月刊ホームルーム』を購読し、8年間悪戦苦闘の担任をしました。誰もが希望しないクラスを担任し、困難を乗りこえた先にしか教職生活の醍醐味はないことを実感しました。管理職は高等師範、東京教育大全盛の時代でした。高等師範出の釼持校長から「白鳥君は将来の幹部候補だからね」と言われた一言が、その後の困難を乗りこえる原動力になりました。校長になって、担任の学級経営が学校経営の原点だと気づきました。

生徒会のチーフと教務主任を経験しました。生徒が主役と言いながら、教員がお膳立てをして手を貸しすぎているので、生徒会役員に考えさせ、やり甲斐を持って取り組めるように黒子に徹しました。教務主任として新教育課程づくりをする中で管理職の人となりに接し、自分が教頭になったとき役にたちました。

県内最大規模（学年18クラス）の幕張総合高校の4人の教頭の中で沢山のことを教えてい

ただきました。２人の校長、５人の教頭とチームを組んで、当時流行の高大連携にも取り組みました。校長の経営手腕、他の教頭の主任層との接し方、ＰＴＡ、後援会等の役員との接し方、管理職の在り方を学びました。大規模校のメリット、デメリットを痛感しました。

初任の姉崎高校は過去10年間退学者が百人前後いた教育困難校でした。小学校時代の経験を生かして学び直しの学校設定教科「マルチベーシック」を作成し、多くの皆さんのお陰で退学ゼロを達成できました。教頭で勤務した幕張総合高校に7年ぶりに赴任しました。「東大が先か甲子園が先か」というアドバルーンを上げて、国公立クラスを作り、日本語検定に取り組んだ結果、東大合格、東京芸大7名合格。その後、市原市教育長、敬愛大学客員教授、敬愛学園高校長、現在、横芝敬愛高校の校長として、「学び直し」に取り組んでいます。

この「教職あいうえお」は「プリンシパル」に3年間連載した「教育長歳時記」と「よくわかる学校の危機管理」と並行して、「50音でわかりやすく学ぶ、校長、副校長・教頭、ミドルリーダー、初任者、担任学」学校マネジメント研究会として匿名で連載したものです。

私はこれまで、担任、ミドルリーダーの時代は、学事出版の「月刊ホームルーム」を愛読し、管理職になってから現在も「月刊高校教育」を愛読しています。学事出版の書籍で教職生活を充実させて来た私が「教育困難校」の校長として、教職員と一丸となって取り組んだ「学び直し」が反響を呼び、「学校を潰せ」と言われた姉崎高校に県内はもとより、全国から教員の視察がありました。これを無心で夏季休業中の校長室でまとめた「姉崎高校のホップ・ステップ・ジャンプ」が「第4回教育文化賞の最優秀賞」に選ばれてから、10数年間、『月刊高校教育』『プリンシパル』に校務の傍ら、楽しんで執筆してきました。

失敗の繰り返しの中で、先輩教師や同僚に助けられて、初任・担任を無事にやってきました。初任の時、1年後「好きな先生の所に並びなさい」と言われた児童が一クラス分、並ばなかったら恥ずかしのよ」といわれた一言は今でも強烈に心に銘記されています。

未熟な初任が次の担任の階段を上り、ミドルリーダーになり、教師の生き方教師のやり甲斐を見つけ、勤務校だけでなく、国語部会の仕事、県教委の仕事をまかされて、内も外も無難にこなすことが出来ないと管理職の階段を上れないことも分かりました。

「教職あいうえお」は、私が教職生活で実践してきたコツとアイデアのエキスです。「教職生活を楽しむあいうえお」として執筆し、そのタイトルで本にしようと考えてきましたが、本の題名としては長すぎるので、コンパクトにしました。

第2部の「学校危機管理の超基本」は、校長から担任までが、児童生徒が現場で事件や事故を起こした時、事件や事故が起こらないように事前に眼を通していただければ幸いです。一校に一冊「教職あいうえお」を置いて役立てていただけたら幸甚です。

2023年7月

白鳥　秀幸

まえがき　3

第1部　50音でわかりやすく学ぶ教職論

校長編　信頼される学校づくりを目指す

はじめに……16
あ　ありがとうに勝る挨拶なし　17
い　一生涯を貫く教育にかける　17
う　運動で体力養う健康生活　18
え　笑顔は生活の潤滑油　18
お　オンオフの上手な使い分け　19
か　快食・快汗・快眠・快便　19
き　決まり文句を持ち合わせる　20
く　苦しさから逃げない挑戦　20
け　現状を十分見極める　21
こ　校長室は沈思黙考する所　21
さ　最終責任をとる覚悟　22
し　趣味を持ち心豊かな生活　22
す　好かれようとする校長になるな　23
せ　前例踏襲は衰退の始まり　23
そ　組織力で柔軟に対応する　24
た　闘う戦略戦術を立てる　24
ち　違いを認め違いを生かす　25
つ　強さと弱さをわきまえる　25
て　天変地異への確実な備え　26
と　時々は心の洗濯をする　26
な　為すところをよく見る　27
に　二度とない人生の真剣勝負　27
ぬ　抜かれてよいこともある　28
ね　熱意が職場を活性化する　28
の　能率一辺倒は止める　29
は　晴れの日と褻の日の弁え　29
ひ　ピンチは常にチャンス　30
ふ　振り子が止まった時、決断する　30
へ　屁理屈より理屈で攻めよ　31
ほ　ホップ・ステップ・ジャンプ　31
ま　負けない得意を生かす　32
み　みんなの違いを認めよう　32
む　胸のモヤモヤ打ち消そう　33
め　めげない日頃の心の鍛錬　33
も　もう一工夫が教育の分岐点　34
や　遣り甲斐のある仕事にする　34

ゆ　揺れたまま結論を出さない　35
よ　余分なものを取り除く　35
ら　螺旋階段をゆっくり登る　36
り　リードされても焦らない　36
る　留守でも安心安全な経営　37
れ　連携の大切さを理解し実践　37
ろ　労力を最後まで惜しまない　38
わ　笑いをもたらす人になれ　38
終わりに……39

副校長・教頭編　扇の要として役割を全うする

はじめに……42
あ　諦めなければ流れが変わる　43
い　一所懸命な取組をする　43
う　後ろにも前にも目を持つ　44
え　絵に描いた餅にしない　44
お　己を磨き他に尽くす　45
か　家族のことを忘れない　45
き　共通理解の前に共通行動　46
く　苦難に負けないしなやかさ　46
け　健康は全てのいしずえ　47
こ　心を耕す毎日の読書　47
さ　最悪は最良への出発点　48
し　初期対応を誠実に丁寧に　48
す　好かれる人を目指すな　49
せ　全体を動かす視点を持つ　49
そ　組織の要である自負を持つ　50
た　闘うための不断の努力　50
ち　知識・情報の蓄えも生きる力　51
つ　疲れたら休養を忘れない　51
て　出会いを育んで出会いを力に変える　52
と　動じない自信をつける　52
な　泣きたい時は誰にもある　53
に　逃げれば窮地に追い込まれる　53
ぬ　抜かれても力を蓄えよ　54
ね　根を細根にする基礎固め　54
の　望み叶えて成功体験　55
は　励ましの心とやさしい心　55
ひ　ピンチには知恵を出す　56
ふ　フェアーな職場づくり　56
へ　へこたれない強靭な姿勢　57

ほ　ホウレンソウを確実に　57
ま　真っ直ぐな動じない心　58
み　道を切り開く自信が必要　58
む　無理・無駄を見極める　59
め　眼を見開き本質を見る　59
も　もう一歩踏み出す努力　60
や　止めれば負けてしまう　60
ゆ　ゆとりから生まれるユーモア　61
よ　世のため、人のために汗を流す　61
ら　楽をしないで苦労を買って出る　62
り　利口に立ち回わらない　62
る　留守を任せて安心な職場　63
れ　礼に始まり礼に終わる　63
ろ　労多く功少ない職の弁え　64
わ　笑いの絶えない職場づくり　64
終わりに……………………65

ミドルリーダー編　強みと弱みを自覚する

はじめに……………………68
あ　諦めないで歯を食いしばる　69
い　命を大切に人生は一度だけ　69
う　受け入れる度量を持つ　70
え　笑顔が職員室を明るくする　70
お　同じ目線で仕事をこなす　71
か　可能性を信じて発想する　71
き　協働体制づくりを心掛ける　72
く　苦しさを乗り越える　72
け　元気・根気・やる気　73
こ　言葉は命取りになることもある　73
さ　些細なことは片目を瞑れ　74
し　シンプルに仕事を絞る　74
す　好きな仕事にする　75
せ　前例踏襲をぶち破れ　75
そ　相談できる人は必ず必要　76
た　誰とも対等の立場を貫く　76
ち　知識を蓄え活用する　77
つ　強さは常に内に秘めておく　77
て　出会いを力に変える　78
と　歳を重ねて実力を培う　78
な　何事もゴールを決める　79
に　逃げれば追いかけられる　79
ぬ　抜かりのない事前準備　80

ね　根回しと稟議を忘れない　80
の　飲み会を愉しみにする　81
は　晴れやかな笑顔の心掛け　81
ひ　人は教えることで学ぶ　82
ふ　不易と流行の弁え　82
へ　へこんでも挑戦を忘れない　83
ほ　ホウレンソウの徹底　83
ま　真っ直ぐな決めた道を進む　84
み　未熟な自己を背伸びさせない　84
む　胸に秘めた初心を思い出す　85
め　めげたりぶれたりしない　85
も　もう少しの工夫が大切　86
や　やるからには創意工夫　86
ゆ　誘惑に負けない強い意志　87
よ　用意周到な人になる　87
ら　楽せずよく働きよく遊ぶこと　88
り　リーダーを目指す心意気　88
る　ルーキー（新人）を育てる　89
れ　礼儀は人を美しく見せる　89
ろ　労苦は歓喜への一里塚　90
わ　分からないことは聴け　90

終わりに……91

担任編　学級づくりを楽しもう！

はじめに……94
あ　挨拶に始まり挨拶に終わる　95
い　一度目の出会いを大切に　95
う　うそをつかない　96
え　笑顔が幸せを運んでくる　96
お　同じ目線で指導する　97
か　感謝で始まり感謝で終わる　97
き　基礎基本が全ての基盤　98
く　苦あれば必ず楽が来る　98
け　けんかは負けるが勝ち　99
こ　言葉には言霊がこもる　99
さ　些事に煩わされない　100
し　シンプルイズベスト　100
す　好きな趣味のある生活　101
せ　清掃の手順を教える　101
そ　組織力はまさかのときに試される　102
た　闘う担任になろう　102
ち　力の出し惜しみをしない　103

つ　伝えることは簡潔にする　103
て　天変地異はやってくる　104
と　友を持つ心の安らぎ　104
な　泣きたい時は泣けばよい　105
に　二度とない人生に悔いを残さない　105
ぬ　抜きつ抜かれつの教職人生　106
ね　熱意が人を動かす　106
の　乗り物を降りて歩く　107
は　「はい」の返事を徹底する　107
ひ　一人では生きられない　108
ふ　振り返る時間を確保する　108
へ　平穏無事な一日　109
ほ　保護者対応　109
ま　真面目を生涯貫く心　110
み　道の選択は責任と見通しが必要　110
む　夢中になれる仕事にする　111
め　眼を見開き整理整頓　111
も　もうやめたはいつでも言える　112
や　やる気を出させる工夫　112
ゆ　勇断を下せる力を蓄える　113
よ　余計なものを取り除く　113
ら　楽な生き方より挑戦する生き方　114
り　凛とした教職人生を目指す　114
る　流説に惑わされない　115
れ　礼儀知らずにも礼を尽くす　115
ろ　老若男女のいる学校　116
わ　若さを保つ笑いの効用　116
終わりに……　117

初任者編　生涯の仕事としてやり甲斐をもとう

はじめに……　120
あ　挨拶はまず隗よりはじめよ　121
い　一生涯を貫く仕事にする　121
う　運動を児童・生徒とともに楽しむ　122
え　笑顔があふれる教室づくり　122
お　おはようで一日が決まる　123
か　感謝の思いは声に出して伝えよ　123
き　基礎・基本を徹底する　124
く　苦しい時は周りに必ず相談　124
け　けんかのルールを授ける　125
こ　言葉遣いは丁寧に誠実に　125

さ　些細なことに拘らない　126
し　叱ってもらえる人となれ　126
す　好き嫌いをなくす努力　127
せ　清掃できれいな教室環境　127
そ　相談で新たなスタート　128
た　体験は学力の基盤　128
ち　力を蓄える努力　129
つ　疲れたねといえる友を持つ　129
て　出会いは二度ある心得　130
と　時計は待ってくれない　130
な　名前と人となりを覚える　131
に　二度同じ失敗をしない　131
ぬ　抜かれても力を蓄えよ　132
ね　根を地中深く張る　132
の　能力の限界を知る　133
は　張り切り過ぎない　133
ひ　一人一人の持ち味を生かす　134
ふ　不易の読み書き計算　134
へ　屁理屈は言わない心掛け　135
ほ　他の教員から教えてもらえる人に　135
ま　学ぶは真似ぶから始まる　136
み　皆のよい点を見つける　136
む　無二の仲間を持つ　137
め　眼は大きく口は小さく　137
も　もう少しの努力が分岐点　138
や　止めたい時は複数に相談　138
ゆ　許すことができる人になる　139
よ　欲を出しすぎない　139
ら　ライバルに負けない　140
り　リーダーを誉めて育てる　140
る　留守でも安心な学級経営　141
れ　礼儀を身につける　141
ろ　労力は使いべりしない　142
わ　若さと馬力を生かせ　142
終わりに……………………………………143

第2部　学校危機管理の超基本
やさしくわかる対応ポイント

クラス名簿の作成　146
入学直後の暴力事件　148
教員による体罰事件　150

教職員の窃盗事件 152
学級の協働体制づくり 154
教職員の病気休職 156
修学旅行のトラブル 158
登校時の連れ去り事件 160
理科の実験における事故 162
セクハラ防止 164
対教師暴力 166
開示請求 168
いじめの訴え 170
令和元年度の危機管理 172
学級の荒れ 174
部活動の事故 176
保護者対応 178
転落事故 180
交通事故 182
自殺 184
万引き 186
学校安全計画の作成 188
コロナ禍のクレーム 190
児童生徒の喧嘩 192
登下校の交通事故 194
不登校とトラブル 196
学級崩壊の防止 198
熱中症 200
不審者対応 202
個人情報の流出 204
いじめと不登校への対応 206
教職員の交通事故 208
無断外泊や家出 210
個人情報の課題 212
パワーハラスメント 214
セクシャルハラスメント 216
あとがき 218

第1部

50音でわかりやすく学ぶ教職論

信頼される学校づくりを目指す

校長編

はじめに

　校長になりたくてもなれない人もいる。なるつもりもなかったが、校長に説得されて校長になった人もいる。都道府県教委や市町村教委の教育行政を経て、校長になった人もいる。大多数は選考試験に合格して校長になっているが、選考試験を受験せずに校長になった人もいる。

　校長職までのプロセスは、十把一絡げにできない程、複雑で、その内実は各人各様である。校長は学校の「顔」である。

　元気な学校は、児童・生徒も教職員も元気で、言うまでもなく校長も元気である。校長は、常に溌剌として課題や困難に立ち向かい、元気にリーダーシップを発揮することが肝要である。

　多くの校長は理想の「校長像」を持っている。様々な校長に仕え、自分なりの校長のあるべき姿を知っているからである。かつて教頭は嫌だが、校長にはなりたいと言ってのけた同僚もいた。それは教頭が校長の補佐役として、体力・気力・学力を兼ね備え、校内のよろず相談に乗り、朝から晩までの連絡・調整の激務を見てきた正直な感想である。

　筆者は、激務を乗り越えた人にこそ校長職が用意されていると考える。自分の名誉のためだけで校長になった人は闘わない人なので、校長にふさわしくない。

　校長は、事件・事故・問題等にどう対処するか、決断を短時間にくださなければならい。児童・生徒や教職員のことに最後まで責任を全うしなければならない。校長は諸行事において挨拶で勝負しなければならない。

　校長職に一所懸命取り組みたい人、地域や保護者から信頼される学校づくりを目指す人、校長職を愉しみたい人に参考にしていただけたら幸いである。

あ　ありがとうに勝る挨拶なし

学校の一日は、気持ちを込めた「おはようございます」で始まる。外部の人に出会ったら明るい表情で「お世話になっております」という挨拶も大切である。その中で一番の挨拶は「ありがとうございます」である。校長はいつでもどこでも誰にでも「ありがとう」が率先垂範して言えなければならない。児童・生徒、教職員が、相互に何かをしてもらったら、必ず、気持ちを込めた「ありがとう」をいえる学校にしたい。「ありがとう」が学校全体に広がるようにしたい。

元気な明るい声の「ありがとう」。頬笑みをたたえた「ありがとう」。心の込もった「ありがとう」。「ありがとう」は言った本人も気持ちがいいし、「ありがとう」と言われた相手は、もっと心にぬくもりを感じるものである。挨拶の中で一番の挨拶は「ありがとう」である。

い　一生涯を貫く教育にかける

教育の原点は、子どもが好きであることが不可欠である。好きだからこそ一生涯を教育にかけてこられたのだと思う。

筆者は恩師に出会い、教育に生涯をかける「心に火を点けて」もらった。これまで経験した教育現場では、常に目の前に立ちはだかる困難との闘いの連続だった。困難には闘う協働のチームづくりが重要である。

戦略を立て、戦術を託し、プラス思考で、きっとうまくいくと自分を信じて取り組んできた。教職員を信頼し、子どものため、学校のために、最後まであきらめずに闘う覚悟を決めて、課題解決にぶれないリーダーシップを発揮してきた。

課題解決をすれば、チームの自信と絆が確かなものになり、校長としてのやり甲斐が持てるようになった。

う 運動で体力養う健康生活

教育現場は予期せぬことが必ず起こる。起こったとき、慌てない日頃の備えが必要である。校長は気力・体力・学力を鍛えて健康な生活を送っている安心感を教職員に与えなければならない。

若い時代は、スキー、スケート、登山、つり、ゴルフ等好奇心旺盛で何にでも挑戦してきた。管理職になって酒席は増えたが運動はめっきり減った。不健康な生活に別れを告げるために校長になってから禁酒を決めた。

厳しいかつての職場では、その憂さ晴らしの酒席が年間百回前後あった。酒量を弁えた仲間は元気だが、自虐的に痛飲を続けた上司・同僚は65歳前後で鬼籍に入った。健康は自分で責任を持たない限り、維持できない。校長になってからの運動は一日八千歩が目標である。

え 笑顔は生活の潤滑油

子どもの笑顔があふれる学校が理想だ。しかし、残念ながら笑顔だけでは生きられない。人間は日常の様々な喜怒哀楽を沢山経験してこそ本物の「笑顔」になれる。人間は決して強くない。大きな怒りや哀しみに出会ったときは、周りに心の支えになってくれる、助けてくれる仲間が不可欠である。

児童・生徒にとって一日一日の楽しい学校生活の笑顔の貯金が、人生の艱難辛苦を乗り越える糧になる。

教育は鏡育である。校長の笑顔は学校全体の児童・生徒、教職員の笑顔に影響を及ぼす。校長の笑顔が教職員の笑顔に、教職員の笑顔が子どもの笑顔に、子どもの笑顔が家庭の笑顔につながって行くのである。笑顔は文字通り学校生活の潤滑油である。

お　オンオフの上手な使い分け

寝ても覚めても学校の児童・生徒、仕事のことばかり考えていた時もあった。しかし、効率的・能率的ないい仕事は出来なかった。今は毎朝、車のキーを差し込んだときから「オン」の生活が始まり、夕刻車のキーを差し込んだときから「オフ」が始まるように心掛けている。気持ちの切り換えで新たな気持ちになれることが大切である。

「オフ」で気分一新し、発想の転換、熟慮断行が可能になるのである。

校長のスイッチが「オン」になると、あの仕事、この仕事の進捗状況の確認、指示が直ぐに思い浮かんでくる。逆に「オフ」になると、今日のスポーツ、夕食、犬の散歩等が思い浮かんでくる。上手な使い分けが充実した学校経営に不可欠である。

か　快食・快汗・快眠・快便

「快」は気持ちがよいことの意である。気持ちよく食べ、汗をかき、眠り、お通じがある。心身ともに健康だから出来ることである。

校長は、常に健康で教職員の困り事の相談に乗り、常に適切なアドバイスをするために校長室が与えられている。学校の課題解決に行き詰まり、時間がかかると三度の食事がおいしく食べられなくなる。

うまく仕事が進捗しないときは、校長一人で解決しようとしないことである。校長一人の力では、限りがある。一人より二人、二人より三人と副校長、教頭、主任層も含めて組織を上げて協働して課題解決するのが一番の近道である。快食・快汗・快眠・快便の「快」が一つも掛けないことが学校経営のバロメーターである。

き 決まり文句を持ち合わせる

校長になってからは、常に挨拶のできる心の準備をしてきた。新聞、雑誌、テレビ、ラジオ等を見たり、聞いたりした言葉の中から気の利いた言葉、面白い言葉、含蓄に富んだ言葉等を常に携帯している手帳に書き留めてきた。

磁石が鉄を引きつけるように沢山集まった。時々見直すと児童・生徒向け、教職員向け、保護者向けに使い分けられることに気づいた。言葉の小引き出しに少しずつ蓄えて、T・P・Oに応じた決まり文句の「言の葉集」を持ち合わせることができるようになった。

大事なことは、決まり文句を常に口に出したり、書いてみることである。何度も声に出して会話の中でも使うことで決まり文句が自分の言葉として会得できるようになる。

く 苦しさから逃げない挑戦

校長職の楽しい時間は短く、苦しい時間は遥かに長く感じる。出世にそっぽを向いても教師は教える醍醐味を味わえる。酒席で多くの教員の本音を聴くことがあった。

苦労せずに校長になりたいと考える人は身近かにも少なからずいた。苦しいこと、辛いことに「そっぽを向」いていては、校長になれない。苦あれば楽ありである。苦しさから逃げずに来た人にだけ校長職への挑戦権が用意されている。校長職はゴールではなく、スタートである。

児童・生徒のため、学校のために闘うスタートである。苦しさから逃げてしまえば、校長室から出ない置物校長になってしまう。学校の課題に積極果敢に最後まであきらめずに挑戦する校長を教職員は尊敬し支援を惜しまない。

け　現状を十分見極める

課題のない学校はない。児童・生徒、教職員、保護者、地域等の実態を的確に見極めることが肝要である。てんこ盛りの課題は、見極めるまでもなくどこからでも改革に取り組める。但し、優先順位をつけて、いつまでに、誰が責任者になって取り組ませるか決めることが大切である。

見て見ぬふりの出来る程度の課題をどうするかは校長のやる気にかかっている。チームで課題解決を図るためには、主任層の力も生かし、ボトムアップで意見を吸い上げることである。校長は最終目標を決めてぶれない姿勢を貫いて、経営に専念するだけである。

学校現場は現状維持をよしとする職場風土もある。現状維持は組織の衰退の始まりであることを忘れてはならない。

こ　校長室は沈思黙考する所

校長はぶれない決断をするまでは、あれこれ締切のギリギリまでこれまでの経験知を振り返り、考えを巡らせることが肝要である。拙速に結論を出せば効果は望めないことが少なくない。副校長、教頭は困ったとき、振り向けば必ず校長がいる。しかし、校長は振り向いても誰もいない。だから迷ったときは、校長室で沈思黙考することである。

最悪の事態を想定し、次善策を考えるために心の振り子を納得のいくまで振ってみることである。周りの意見、信頼できる先輩・同僚の校長の意見も参考にしながら、振り子が止まるまでじっくり考えることである。

考え抜いて止まったとき、決断して、しっかり前をみて一歩一歩ぶれない姿勢で進むことである。

さ　最終責任をとる覚悟

企業のトップは不祥事や事件・事故があれば首が飛ぶ。学校は校長自らの不祥事や事件・事故でなければ、首が飛ばない。公教育は本店の文科省、支店の都道府県教委、営業所の市教育委員会、出先の学校と言った人がいた。校長は上意下達の末端にいるが人に言えない苦労や悩みを抱えている。

出先の学校で児童・生徒、教職員の命を預かる校長の責任は限りなく重い。事件や事故のない安心・安全な学校づくりに尽力しながら、万一の場合、校長は最終責任を取る覚悟を日頃から決めておかねばならない。

覚悟の中には、責任をとって校長を辞することも含まれる。校長の取り巻きの主任層、教職員は、最終責任を取る覚悟のある校長か否かを見極めている。

し　趣味を持ち心豊かな生活

子どもの頃から好奇心旺盛で、将棋、メンコ、ビー玉、ベイゴマ、たこ揚げ、ヤマメやフナ釣り、肥後守で杉玉鉄砲、竜の玉鉄砲、水鉄砲づくり等をした。遊びから帰って風呂焚きをしながら読書した。遊びが趣味で大人になったので、スキー、スケート、登山、ゴルフ、海つり、旅行等様々楽しんできた。

校長になって、ゴルフと旅行が中心になった。趣味を持つことで、心の余裕、心の豊かさが実感できた。趣味を持つ生活が充実してくると学校経営を楽しめるようになった。校長室に出入りする人や教職員にいきなり本題に入る前に、趣味などを話題にしながら本題に入ると効果的である。

よい趣味を持って楽しんでいる人は、会って楽しく心豊かな人が少なくない。

す　好かれようとする校長になるな

校長として後先を考えないその場しのぎの好かれようとする言動は慎んできた。こんなことを言い出したら、反対が多くて、教職員から嫌われるだろうなと分かっていた。しかし、児童・生徒のため、学校のためになると確信できれば、闘う管理職として、学校改革に真摯な思いで地道に取り組んできた。少しずつ成果が出てきて、嫌われる者から支持される者、理解される者になった。

好悪は紙一重だと分かった。好かれようとする校長は決して好かれる校長になれないことも分かった。ご機嫌取りや迎合する校長は、教職員から信頼と支持が得られない。

校長は、児童・生徒、学校のためになることを終始考えて、好かれようとしないことが肝要である。

せ　前例踏襲は衰退の始まり

どんな学校も改善すべき課題がある。早急に取り組まなくても済むものなら、前例踏襲・現状維持で敢えて反対派との闘いを止めてしまう校長もいる。

課題の先送りは、早晩解決の困難な難題に様変わりする。組織の前例踏襲は衰退の始まりである。組織のほころびが坂道を下り落ちるように数年後に教育困難校に変えてしまうのである。下り始めた初期段階での適切な対応こそが、学校における課題解決の重要なポイントであり分岐点である。

校長は早期に課題を見極める眼を持つことである。教職員等からの指摘にも耳を傾けて、管理職の意を体して動ける副校長・教頭との人づくりをとおして、どんな課題にも積極果敢に取り組める組織に仕上げることである。

そ　組織力で柔軟に対応する

うつ病の教職員のでる学校は職場の報告・連絡・相談のいわゆるホウ・レン・ソウが徹底していないことが多い。

校長、教頭、教職員、事務職員、用務員等を含めた縦軸が信頼という絆で結ばれていないこともある。学校の信頼関係づくりに必要なホウ・レン・ソウの励行が組織力を高めるのである。苦情を含めた悪い情報は直ぐに校長まで知らせることである。

信頼の絆ができていれば安心して知らせることができるので、管理職が後ろ盾になって強い組織力を発揮できる。校長から用務員までの縦軸を更に強固にするＰＴＡや地元町会等の横軸がしっかり結合すれば組織力は向上する。組織力で柔軟に対応できれば、どんな課題にも取り組むことができる。

た　闘う戦略戦術を立てる

「流れる水は腐らない。流れる水は凍らない」という。戦略は校長が時代の潮流をしっかり受け止め、任された学校経営をどう改善・発展させていくか決定づける基本設計図である。その際、欲張らないことがポイントである。最低限の必須な基本項目に絞り込み、余分なものを省略するから戦略と言うのである。そのための具体的な課題解決の戦術を早めに主任層に明示することである。

次に教職員の努力が報われ、成功体験を味わえるようにするための基本設計図にすることが重要である。

校長は常に教職員との信頼関係を大切にし、闘う姿勢を堅持し、教職員が最後までやり甲斐を持って、仕事に取り組めるようにしなければならない。

ち　違いを認め違いを生かす

校長は自分の得意なこと、強みをわきまえて経営に生かすことは言うまでもない。教職員集団の持てる力も学校ごとに異なっている。地域の学校に対する期待や協力、学校の規模、伝統もそれぞれに違いがある。学校間の「差」を強く意識し過ぎるより「違い」を強く意識することの方が重要だと考える。

他校との違いを認め、校長の強み、教職員や地域の持てる力を十分に生かして「差より違い」をしっかり全面に打ち出すことが、その学校の個性を生かした学校の特色がはっきりしてくる。

「地域に開かれた　地域から信頼される　地域になくてはならない学校づくり」のためには、背伸びせずに身の丈にあった違いを認め、違いを生かす学校経営が求められる。

つ　強さと弱さをわきまえる

人間は誰でも強さと弱さの両面を持ち合わせている。自分の強さと弱さを内に秘めながら、周囲の人間の強さと弱さを自分なりに理解して、強さを前面に出す人には強さを出さないように使い分ける平衡感覚を保ちながら生きている。

ややもすると、未熟な人間は弱さを隠して、強さを前面に出し過ぎるため、かえって脆弱さが目立ってしまうこともある。強さだけを前面に打ち出して失敗した人は何人も見てきた。

弱さだけを前面に打ち出して行くことは信頼を得にくいものである。強さと弱さのバランスを上手に保つことを心掛けて行うのが学校経営だと考える。校長は常に謙虚で強がらず、強さと弱さのバランス感覚を保つことこそが肝要である。

て　天変地異への確実な備え

天と地の間に起こる自然災害には、異常気象による暴風、ゲリラ豪雨、豪雨に伴う堤防の決壊・洪水等がある。

被害の大きかった地震では、阪神淡路大震災（１９９５年）、熊本地震（２０１６年）、津波では、東日本大震災（２０１１年）が記憶に焼き付いている。御嶽山の噴火等も記憶に深く刻まれている。

天変地異は、朝方か、日中か、夜間か、時間の予測が全くできない。学校にもどの時間帯に天変地異が襲ってくるかは、皆目見当がつかない。校長は物心両面の確実な事前準備といざという時への確実な備えと覚悟を決めておかなければならない。

災害発生時には、第一に安否確認、第二に安全確保のための避難が求められる。

と　時々は心の洗濯をする

「よく働き、よく遊べ」をモットーにして教育現場で生きてきた。仕事一辺倒の人や遊びを優先する人よりもよく働いた後、仲間との遊びにもきちんとつきあえる人の方が人生を充実させている。

人の趣味は千差万別である。筆者は読書、散歩、月一回のゴルフと里山会、俳句教室、休業中の孫との旅行等が心と命の洗濯になっている。

教育界を離れた異業種の先輩や仲間との食事や語らいが貴重な充実のひと時になっている。

校長は時々の心の洗濯を励行し、心身のリフレッシュをすべきである。リフレッシュの後は、心に余裕ができるので、新たな発想が生まれたり、仕事の行き詰まりを解決できたり、信じられないくらい効率のよい仕事ができるようになった。

な　為すところをよく見る

学校の校務分掌等の「適材適所」の配置は理想である。少子化の流れと相まって学校規模の縮小で「適材」は年々少なくなっている。適材は校長が見通しを持って計画的に人材育成することが肝要である。

学校の教育活動における授業、会議、部活動、校外行事等における児童・生徒の掌握、対人関係、言動等の「為すところをよく見る」と、誰を「適材」に育成すべきかが分かってくる。

適材に育てると決めたら待ちの心でできるだけ活躍の機会を与えてやらせてみることである。挑戦させてうまくいけば、大いに誉めてやることである。

失敗したらアドバイスをして、再挑戦させることである。成功の反対は失敗ではなく、挑戦しないことだからである。

に　二度とない人生の真剣勝負

人生は、いうまでもなく誰でも公平に一回限りである。筆者は一回限りだからこそ真剣勝負で生きてきた。

数ある職業の中から掛け替えのない教育を選択して生涯の生業にして来たことを誇りに思っている。教員のスタートから校長を目指してきた人、周りの推薦で図らずも校長を目指した人等様々な経緯で校長職にたどり着いたと考える。

校長になるまでは努力したのに、校長になってからは努力しない校長もいた。までの校長は挑戦をあきらめ、からの校長は挑戦を続ける。校長は、校種・規模・伝統が異なっても各校に只一人である。数十年間に蓄積してきた経験知というガソリンを完全燃焼させて、退職の3月31日を迎えるのが文字通り校長のゴールである。

ぬ 抜かれてよいこともある

人生はゴールの見えないマラソンである。途中山あり、谷あり、坂あり、真逆という坂もある。抜かれたり、横道にそれる経験も人生には必要である。しかし、そんな時は充電期間とわきまえて、力を蓄積することである。筆者は横道や左遷に近い貴重な経験ができたからこそ、今日の人生があると考える。

抜きたい人には抜かれればよい、抜かれても抜き返す力をしっかり蓄積することが肝要だからである。

人生はその時の距離感で人をうらやんだり、落胆してしまいがちである。辛い雌伏のときこそ掛け替えのない貴重な充電期間である。人生という長距離を走り抜くためには、抜かれてよいこともあると認識しなければゴールできないと知るべきである。

ね 熱意が職場を活性化する

学校経営のトップである校長が戦略を持ち、戦術を各主任層に託す際、課題解決に向けた熱意、意欲、意思を確実に伝えたいものである。ややもすると職場には、前例踏襲・現状維持がはびこり、変化を拒む眼に見えない手強い力が潜んでいることを忘れてはならない。

校長の熱意はまず、副校長、教頭に、次に主任層に伝え、納得を得ることが先決である。熱意が伝われば職場は必ず活性化する。

伝わらなければ職場の歯車はかみ合わなくなってしまう。焦らずに個々の課題解決に向けた取組を任せて見ることである。性急な校長は直ぐに口を挟んでしまうものである。校長は待ちの心を持つこと、心の余裕をもつことも重要なことである。

の　能率一辺倒は止める

教育活動は、能率的効率的に推進できるのが理想である。各校務分掌はチームで活動する。均質の力のある人ばかりで構成されているとは限らない。そのために構成メンバーのマンパワーを見極めておかないと失敗する。チームリーダーとサブリーダーが同じ方向にベクトルを向けて牽引力になるまで注意深く見守ることである。

能率一辺倒だと必ず他のチームに遅れを取るものが出てくる。不協和音を起こさないためにもチーム力に応じたタイムリーな適切な支援も必要である。

校長はチームリーダーとの定期的な意見交換とアドバイスを必ずおこなっていくことである。リーダーの力が遺憾なく発揮されていれば、声に出して誉めることである。

は　晴れの日と褻《け》の日の弁え

学校は年度初めの晴れの入学式から年度末の卒業式を終えて、1年の締めくくりとなる。フォーマルな「晴れの日」に対して、よそ行きでない日常の「褻の日」の弁えが近年特に薄れてきている。

一例を挙げると朝会から職員会議までジャージ姿で毎日を過ごしている教員が身近にいないだろうか。

かつて学校には、年配者で職場の誰からも一目置かれる人格者がいた。立場を弁えたご意見番として自浄作用の役割を担う人のお陰で職場のよりよい人間関係づくりができていたと考える。管理職にも教職員にも苦言を呈し、正鵠を射たアドバイスで信頼度がアップしていた。晴れの日と褻の日を弁えた職場環境づくりは、人格者のいない現在、校長の責務である。

ひ　ピンチは常にチャンス

教員になったスタートからピンチの連続で生きてきた。

筆者は小学校の助教諭からスタートし、高校の教員採用試験を受け直してきた。県教育委員会9年間も新規事業を任され一つ一つピンチを克服してきた。特に校長になってからは、更なるピンチの連続だった。

逃げるのは簡単だが決して逃げずに体当たりで取り組んできた。ピンチに立たされても、きっとうまくいくと自分に言い聞かせて、教職員とともにピンチを試練と受け止め、ピンチを乗り越える中で、自信を培ってくることができた。苦あれば楽ありである。苦しい時を乗り越えた人にしかピンチのありがたさは理解できない。ピンチは常にチャンスと覚悟を決めて教職員とともに闘うことが肝要である。

ふ　振り子が止まった時、決断する

日本列島では大地震、津波、火山の爆発が忘れた頃に起こっている。学校現場でも不測の事態、予想だにしない事件や事故が起こる場合もある。いざ、災難や災害、事件や事故に遭遇したら、最終決断者は校長である。

困った時、迷った時は、拙速を避けるために校長室で最大限の沈思黙考することである。最悪の事態も想定し、次の一手を生み出すために可能な限り、児童・生徒のため、学校のために、考えを巡らして、心の振り子をあえて揺さぶり、納得のいくまで揺れてみることが大切である。

振り子が止まるように考えがまとまった時、決断することである。校長の決断は責任が重い。決断は、大きな間違いがない限りぶれないことが鍵である。

へ　屁理屈より理屈で攻めよ

どの学校現場にも屁理屈を並べる、屁理屈をこねる教員も一部存在する。校長が屁理屈に対して屁理屈で対抗したら、校長の度量が問われてしまう。相撲に横綱相撲があるように、常に余裕を持って、堂々と理屈で説明できるように心掛けて、落ち着いて説得することである。

校長にも感情の起伏がある。起伏を少なくする秘訣は、朝食を摂ること、朝会の一時間前に出勤し、時間の余裕、心の余裕を持つことが不可欠である。

屁理屈に一時的に感情的になり、言質を取られないことである。かつて、言質を取られて、会議の度に体《てい》のいいいじめのようにチクチク攻められる校長を見てきた。言質を与えない余裕を持った周到な言動が校長には求められる。

ほ　ホップ・ステップ・ジャンプ

３年間の学校経営の目標と計画をどう立てるか。各年度の目標達成のためには、３年間の見通しが不可欠である。１年目のホップの年は、現状認識と課題分析、仕事の優先順位をつける。特に生徒や教職員の実態、学校の伝統、地域における学校の立ち位置を十分認識することである。

２年目のステップの年は、優先順位をつけた課題を一つずつ解決する中で、生徒、教職員に成果を実感させることが肝要である。

３年目のジャンプの年は、課題の残りを解決し、仕上げのやり甲斐を皆で確認することである。

学校には前例踏襲・現状維持に固執し、改革に抵抗する一部の教職員もいるが、１年目からきっとうまくいく可能性を信じて課題に取り組むことである。

ま　負けない得意を生かす

誰にも得意、不得意がある。不得意を意識し過ぎると得意を生かせなくなる。校長は不得意を意識しながらも少しずつ克服しながら、得意を生かして行くことが、学校経営を成功へと導いていくことになる。

校長は教育活動の中で教職員の得意、不得意を見極め、得意を生かすことが大切である。教職員の得意を生かした活躍が認められれば、評価することである。適切な評価は、校長への信頼と教職員の大きな自信になる。

教職員の自信は、他校に負けない得意を生かす教育を展開する上で、学校経営の大きな牽引力になる。校長が自信を持って学校経営を行えば、主任層も自信をもって教育活動のサブリーダーとして、活躍するようになってくる。

み　みんなの違いを認めよう

教育現場は、一人一人の個性が異なっている。みんなの個性が違っていることを相互に認め合わないと職場の人間関係はギスギスしてしまう。ベテランも若手も男性も女性もそれぞれの違いを認め合うことから学校経営は始まるのである。

筆者の経験では、人文科学系の国語、歴史、社会科学系の政治、経済、自然科学系の数学、理科、語学系の英語、中国語、フランス語、体育系の体育、芸術系の音楽・美術・書道・工芸等それぞれ教科の独特の人となりや個性の違いがあった。

この人となりや個性の違いを認め合うことで、管理職はその持ち味を如何なく発揮してもらえるか否かで、一味も二味も違った特色ある魅力ある学校経営が可能になるのである。

む　胸のモヤモヤ打ち消そう

課題を抱えた校長は胸のモヤモヤが消えてなくならない。人に任せられない校長は、一人で悩みを抱え続けなければならない。飽和状態になると健康を害することもある。学校経営は一人ではできない。校長は忘れてはならないことの一つに、たった一人のリーダーであるということである。

トップリーダーの校長は、トップの熱い思いを副校長、教頭、主任層等にしっかり伝えて、本音で話し合い、彼らの人となりを掌握しておくことである。真摯な姿勢を貫けば、課題解決の糸口が必ず見えてくる。

課題解決は、チームで知恵を絞って取り組むことである。チームの誰もが抱えている胸のモヤモヤを分散して共有することで打ち消すことが可能になる。

め　めげない日頃の心の鍛錬

「めげない、ぶれない、あきらめない」をモットーに学校改革を続けてきた。改革に立ちはだかるのは、前例踏襲・現状維持に固執する一部の反対派の存在である。

言うまでもなく校長は一人である。一人で闘えば、多数の反対派に押しつぶされるか、最悪の場合、打ちのめされて「鬱病」になってしまう。何をどう改革するか、ビジョンを明確に示して、説得する覚悟が大切である。反対意見を出されても、説得できる回答を常に用意しておかなければならない。

校長も感情の動物である。時には感情を逆なでされることもある。その時は拙速に対応しないことである。常に「めげない」心の鍛錬をして反対意見にも免疫力をつけておくことも重要である。

も　もう一工夫が教育の分岐点

誰でも指示されれば一定の仕事はできる。指示されたことだけ考える人、指示されたことに一工夫を加えられる人、一工夫だけでなく代案まで用意できる人がいる。

かつて上司の中に必ず代案まで確認する人がいた。一工夫は当たり前、代案まで用意するのが当然になると常に知恵を絞り、上司の期待に応えようとするようになる。

能力差も歴然としてくるが、高い要求をしなければ、前例踏襲・現状維持で組織は年々衰退していく。まずは校長が一工夫を常に要求していけば、主任層の中にも期待に応えてくれる人が必ず出てくるものである。

もう一工夫は学校を前向きにする分岐点になるのである。一工夫が定着したら次に代案を要求することである。

や　遣り甲斐のある仕事にする

教育の基本は楽しいことである。児童・生徒が学校を楽しむ、教職員が教えることを楽しむ、やり甲斐を持っているか検証が必要である。

いじめのある学校では、エスカレートして自殺者が出る場合もある。自殺も楽しくない児童・生徒の最期の悲鳴のサインだと考える。サインを真摯に受け止めなければ、最悪の事態を招いてしまう。校長は校長職をやり甲斐のある仕事と感じているだろうか。

いじめのサインを受け止める教員の心の余裕、教職員の鬱のサインを受け止める校長の心の余裕も大切である。受け止める眼が曇っていれば、見逃してしまう。心に余裕を持って、心の曇りを取って、まず校長からやり甲斐のある仕事にすることが肝要である。

ゆ　揺れたまま結論を出さない

学校現場では、予想だにしない事件や事故の起こることもある。事件・事故に遭遇したら危機管理の「さ・し・す・せ・そ」である。最悪を想定し、初期対応を確実に、スピード感を持って、誠実な対応を心掛け、組織で取り組むことが大切である。限られた時間の中で、判断し、結論を出さなければならない。

校長は孤独である。孤独でも校長は一人ぼっちにならないことである。時間ギリギリまで拙速に気をつけ、情報を集め整理統合して、冷静に総合的に判断することである。その際、揺れたまま焦って自分を見失わないことである。気持ちを落ち着かせて揺れたまま結論を出さないことである。

大きな間違いがなければ、後はぶれないことが肝要である。

よ　余分なものを取り除く

日本の学校教育は、自省を込めて足し算が得意だが、引き算がとても苦手だと考える。現場に新しく取り組むべきことが入ってきたら、改善の視点から、従来の不必要なものをなくしても良いと考えるが、なくせない悲しい学校事情があることも事実である。

日頃の学校の教育活動を一つ一つ見極める目を持って点検していけば取り除けるものも少なくない。Ｐ・Ｄ・Ｃ・Ａがかなり浸透してきたが、まだ本物にはなっていない。もっと厳しい視点で見直すことが校長には求められていると強く感じる。

校長として、確かなビジョンに基づいて公平で見識のある引き算をして、余分なものを取り除くことをとおして学校の体質改善を図ることが求められている。

ら　螺旋階段をゆっくり登る

校長は3年間の在籍が普通である。野球に例えると、1年目は序盤戦、2年目は中盤戦、3年目は終盤戦ともいえる。1年を3学期制で考えると1学期は序盤、2学期は中盤、3学期は終盤といえる。3年間でどんな学校づくりをするのか、各年度、各学期の経営戦略・戦術が重要である。

「急いては事をし損ずる」と言うが、自校の教育課題を「螺旋階段をゆっくり登る」ように確実な着実な歩みで協働体制を構築する仕掛けをどの時期に行うのかが重要である。

校長は自校の螺旋階段をゆっくり上っているのか、ゆっくり下っているのか見極める眼が必要である。登りは至難、下りは容易である。どちらを選択するかは意欲ある校長か否かの分岐点である。

り　リードされても焦らない

教職の道は30数年のロングランである。校長職の長短は冷徹な目でお上が長短を決めていることが分かった。教頭になる時も上昇志向の強い人、ライバル心むき出しの人もいた。彼らは自分の優秀さを自認していた。

筆者は上には上がいることを県教育委員会勤務を経て思い知らされた。少しリードされても焦らないことが肝要である。

いつでもどこでも目の前の仕事を確実に丁寧に協働して仕上げることに留意していれば、必ず目をかけてくれる上司が存在していることが分かった。

同年齢のゴールは皆一緒である。倦むことなく、小利口になることなく、リードしたい人にはリードさせ、リードされても焦らない泰然自若とした心の余裕が大切である。

る　留守でも安心安全な経営

校長は教科の教育研究会、部活動等の専門部会、他に校長会の研究部会にも所属し、学校外の活動に参加する機会も増えてくる。

留守にする時は、生徒や教職員の事件・事故等が常に頭を離れなかった。事件・事故が電話で済むことであれば、電話で指示し、必要があれば戻って適切に対応すれば良いと考えていた。

副校長、教頭等に適切な具体的な指示を出すことが安心・安全な学校経営に繋がると考える。校長は24時間勤務と先輩に教えられた。学校は事件・事故が必ず起こるという覚悟が必要である。その上で校長会の諸活動に参加して先輩・同僚校長と意見交換したり、アドバイスをいただいたり、貴重な話を聴いて充実した時を過ごすことができた。

れ　連携の大切さを理解し実践

連携の大切さは誰もが理解していても、地域の学校との連携、家庭との連携、町会との連携も今一歩というのが現状である。校長が地域連携を理解しても学校全体の取組にならなければ学校は変わらない。

重要なことは地域連携を出来ることから実践することである。実践しようとしても目に見えない幾つかの壁がある。無理をしない連携をモットーに相互にできる交流から始めてきた。地域の小・中・高連携による出前授業、相互の授業公開、ミニ集会、小学校の町探検の一環として、高校訪問、高校の広いグランドを利用したスポーツ大会を実施してきた。

校長が決断して覚悟を決めて根付かせる努力を重ねて行かなければ地域連携は本物にはならない。

ろ　労力を最後まで惜しまない

学校として取り組むべき課題や問題のない学校はない。課題や問題がなぜ突きつけられているのか、その現実を冷静に見極めることが肝要である。

見極めた中核にある課題や問題が分かったら解決する道筋をつけて、最後まで努力を続けることである。学校の課題解決に必要なことは最期まであきらめないことである。

一人の力には限りがある。仲間を増やし組織で課題解決に当たれば、短期間で効率的に解決できることもある。成功体験の少ない教職員も少なくないので、労力を最期まで惜しまないことが成功の秘訣であることを体験をとおして知らしめることである。

校長はプラス思考できっとうまくいくと信じさせることも忘れてはならない。

わ　笑いをもたらす人になれ

人は誰でも日常生活で緊張と弛緩の繰り返しの中で生きている。一日一日をその微妙なバイオリズムの中でバランスを保ちながら生きている。緊張を強いられる職場では心から笑える笑いは生まれてこない。

笑いと笑顔のない職場は、人間関係がギスギスして事件や事故も起こりやすい。逆に笑いと笑顔のある職場は、素直に感謝の言葉を発することができる。

笑顔と笑いのある職場では、困ったことがあれば、一人で抱えることなく、自分から同僚、上司に気楽に相談することができる。課題解決もそれ程時間をかけないで早く解決の道が開けてくる。一人でも多く笑いをもたらす人づくりをすることも校長が日頃から心掛けるべきことである。

終わりに

人間は強さと弱さの両方を持ち合わせて、その両方をうまく使い分けて微妙なバランスを保ちながら生きている。校長も同様である。強さを前面に出せば、弱さが透けて見えてしまう場合がある。弱いように見えても芯に強さを秘めていて、いざという時には、校長としてリーダーシップを遺憾なく発揮して信頼される校長もいる。強がっても敢えて取り組むべき課題を「見逃す」「見過ごす」「見落とす」ことに平気な校長もいた。この三語は、「見」で始まり「す」で終わるので「3つのミス」を犯さないのが学校経営だと考えてきた。そのために筆者は、「見逃さない」「見過ごさない」「見逃さない」を学校経営の基本に据えてきた。

学校は生きた組織である。毎年、児童・生徒が六分の一、三分の一ずつ変わる。保護者も同様である。教職員も変わる。教育委員会からの指導の指針も変わる。少しずつ変わる中で、前例踏襲・現状維持に固執した組織はゆっくり螺旋階段を下り始める。学校も例外ではない。学校の荒れ、いじめ、体罰等は前例踏襲・現状維持に固執した組織のほころびだと考える。

校長は学校の課題から目をそらさずに、解決に積極的に取り組む覚悟が求められる。強い反対があるとあきらめて放棄してしまう校長がいる。完璧を目指して、途中で投げ出してしまう校長もいる　最初から完璧を目指さないこと、共通理解を目指さないことである。職場の共通理解は理想である。目指すべきは共通行動である。組織の3分の2の共通行動が出来れば、課題解決は可能である。学校は児童・生徒にとっても、校長にとっても楽しい学校でなければならない。学校経営を愉しむためには、自分を信じ、教職員を信じなければならない。楽しい経営とするためにしばしの辛抱が不可欠である。

扇の要として役割を全うする

副校長・教頭編

はじめに

「副校長・教頭あいうえお」を読まれる校長もいるかもしれない。校長の中には、副校長・教頭を経験された方、また、行政経験豊かで経験されない方、民間人出身の方もいると考える。どの校長にとっても直属の「副校長・教頭」は間違いなく次の校長職を担う後継者となる人である。校長はその後継者を名実ともに教職員から信頼される管理職に養成する使命と役割がある。

これから始める「あいうえお」は、校長が読んで、副校長・教頭を指導するときに活用したり、副校長・教頭にも読んでもらい、管理職が一枚岩になるために役立てていただければ、筆者として望外の喜びである。

校長の下に副校長・教頭が配置されている学校も教頭だけの学校もある。副校長は上席教頭という位置づけだが、校長という名称が付いていても「校長会議」ではなく「教頭会議」に出席している自治体もある。名称と実態が伴っていないと考えるのは筆者だけだろうか。

さて、副校長・教頭は学校経営の「扇の要」という重要な役割を担っている。学校で一番早く出校し、校内を巡回し、一日がスタートする。校長の意を体して生徒指導、学習指導等をはじめ、ＰＴＡ、町内会との連絡調整、教職員の万相談、苦情処理、校内の営繕等わき上がるように日々業務が押し寄せてくる。どんなに忙しくても余裕で仕事をさばける人、常に尻に火が付いている人、飽和状態になって降格する人、うつ病になる人、様々な人を見てきた。

副校長・教頭職を勤め上げられない人に校長職は勤まらない。信頼される校長、副校長・教頭を目指す人、地域や保護者から信頼される学校づくりの連絡・調整、補佐役として頑張ろうとする人、副校長・教頭職を全うしたい人に少しでも参考になれば幸いである。

あ　諦めなければ流れが変わる

直ぐに諦めることは誰でもできる。諦めないで踏ん張れる人は多くない。沢山の同期の教員の中で「副校長・教頭」になれる人はある意味、恵まれた人、幸運な人である。副校長・教頭はその職に就くと校長と教職員の板挟みを強く自覚することが少なくない。話の分かる校長や副校長・教頭を本気で支えようとする主任層の教員がいれば良いが、全てそのような職場でもない。辛いこと、苦しいことがあるとき、その思いを一人で抱えないことが大切である。我慢にも限界がある。

困った時には相談できる仲間や上司や同僚を持つことが不可欠である。困った時に諦めなければ、必ず良い流れがやって来ることを信じて一年一年の校務を遂行することである。

い　一所懸命な取組をする

一所は一カ所の所領に命をかけることである。配属された学校の教育活動のために、校長の連絡・調整役として一所懸命に取り組むことは当たり前である。教育活動が軌道に乗ってくると、校内はもとより校外にも目配り・気配り・心配りが求められる。忙しい中で沢山の締切のある仕事等は、優先順位をつける必要がある。

一所懸命な取り組み方にも力の入れ具合、配分を考える必要がある。全部を一人でやろうとしないで任せることである。待つこと、褒めること、貶さないこと、責任を取ることを常に心掛けることである。

最後に校長の意を体して、校長からの信頼、教職員からの信頼を得られる管理職を目指すことが学校の進化・発展につながる。

う　後ろにも前にも目を持つ

目の前の状況を十分見極められない人は、背後の教職員や保護者等からどのように自分が見られているか想像することができない。前にも後ろにも目配りをして隙のない管理職を目指さなければならない。

筆者は副校長４人、教頭18人と一緒に学校運営に当たってきた。後ろにも前にも目を持たない人は校長に昇任しなかった。管理職は労多くして報われないことが少なくない。教頭になって管理職としての法規、文書の作成・管理の大切さが分かり、教職員との良好な人間関係づくり、校長の意を体して連絡調整を図れるようになると、管理職のやり甲斐が分かってくる。やり甲斐に気づくと管理職の辛さだけでなく、楽しさも味わえるようになってくる。

え　絵に描いた餅にしない

副校長・教頭には、校長からの提案、アイデアのある教職員からも提案が寄せられる。提案には良い提案とそうでない提案がある。校長からの提案は、担当の主任と十分検討し、文字通り「絵に描いた餅にしない」で、実現しなければならない。実現すれば校長の信頼が得られ、副校長・教頭は自信がついてくる。

教職員からの提案は吟味する中で、学校経営に生かせるならば、校長に本人から提案させる機会を設けると参画意識が生まれてくる。実現できない提案もきちんと理由を説明して納得させる機会が必要である。副校長・教頭は校長や教職員の声を真摯に聴き、その声を生かすために、どんな方法で何ができるかを常に考えなければならない。

お　己を磨き他に尽くす

教育誌の発行部数が減っているという。初任者研修、経験者研修Ⅰ・Ⅱの他に各自治体でも３年目研修、20年研修等を実施している。管制研修も大切だが、児童・生徒の実態を踏まえた校内研修も重要である。

筆者が経験した職場は、若年層、中堅層、熟年層がバランスよく構成されていた。若い時代は目標とする中堅・熟年の先輩から強い影響を受けた。教育書もよく読み、読書もして、話題が豊富で何でも教えてくれた。中堅・熟年になったらこういう先輩のようになりたいと思った。己を磨き他に尽くすとは、人間としての魅力、教育のプロとしての誇りを持って実践することである。副校長・教頭は己を磨き、自身も成長し続けることが肝要である。

か　家族のことを忘れない

自分自身を振り返ってみると、教員として新卒の頃、少し経験を積だ頃、結婚した頃、子どもができた頃、現場を離れ教育委員会に入った頃、管理職になった頃も終始一環支えてくれたのは家族である。管理職は家族への感謝を生涯忘れないことが肝要である。子どもを持って自分の子どもも思い通りにならないのだから、他人の子どもは言うまでもないと考えられるようになった。

家庭を持って児童・生徒理解が深まった。家族に支えられてこそ管理職が務まるのである。家族より長時間一つ屋根の下で協働している教職員も家族同様に掛け替えのない大切な存在である。管理職は教職員を家族同様大切にして、学校のチーム作りに一年を通して専念することを忘れてはならない。

き　共通理解の前に共通行動

学校の教育活動は、全教職員の共通理解を図ることの難しさを痛感してきた。共通理解ができれば理想である。実現不可能な立派な理想をいくら掲げていても実現できなければ、絵に描いた餅である。共通理解の難しさに気づいてからは、まず共通行動を目指すことにした。一部意見の不一致があっても、共通行動を取る中で、少しずつ理解が深まり、内容の伴う教育活動ができるようになってきた。管理職が忘れてはならないことに3月に児童・生徒を卒業させ、4月に入学生を迎え入れることである。1年が勝負の学校は、ゆっくり待っていられない事情もある。そのために共通行動を取る中で共通理解をめざすことが重要である。

く　苦難に負けないしなやかさ

一度失敗すると気持ちを変えて、再チャレンジできる人は少ない。比較的優秀で、挫折経験の少ない慎重な人が失敗すると気持ちを入れ替えて、立ち上がるのに時間がかかる。人生は失敗や苦難の連続である。失敗しても失敗を糧にして、同じ失敗をしない経験知を蓄えることが肝要である。他人の失敗に直ぐ目くじらを立てないで、大目に見てやる思いやりを会得することも大切である。

苦難を乗り越えられないと考えるとその重さにつぶされてしまう。きっと乗り越えられるとプラス思考で考えるしなやかさが求められる。まずは副校長、教頭が苦難に負けないしなやかな考え方をしないと教職員の失敗に寛大になれない。

け　健康は全てのいしずえ

教職員が身心ともに健康であることと同時に、扇の要の副校長・教頭も健康でなければ、教育活動に支障が出てしまう。健康は体の健康だけでなく心の健康も大切である。毎日の食事を規則正しく摂って栄養のバランスも考えることである。

筆者はお酒を卒業した。自虐的なお酒を飲み続けた人は鬼籍に入った。人が良くて酒を断れない人は、65歳を超えていない人が少なくない。「酒は飲んでも飲まれるな」と先輩に教えられた。無理したら、体を壊すことが予想できれば、きっぱりと断る勇気も大切である。唯々諾々と無理をして、学校に迷惑をかける管理職は失格である。副校長・教頭の健康は全教育活動の礎だと肝に銘じておかなければならない。

こ　心を耕す毎日の読書

朝の10分間読書に取り組んでいる学校もある。副校長・教頭も読書を毎日続けることで、読むことの愉しさ、醍醐味を味わえれば本物である。読書の時間を捻出するのは本人次第である。「忙しい」が口癖の副校長・教頭もいた。「忙しい」の「忙」は「心が滅びる、心を失う」の意である。筆者はよく「忙しいでしょ」と言われると、敢えて「充実している」と言い返してきた。どんなに忙しくても副校長・教頭は「忙中閑あり」である。心を落ち着かせて、10分でも読書することが肝要である。１日の始まりと終わり、昼食の後、時間はいくらでも捻出できる。

心を耕す毎日の読書を心掛けることで、新たな発想や話題の提供、教養の一旦を何かの会合や集会等で開陳できることもある。

さ　最悪は最良への出発点

元気な児童・生徒を預かる学校では、忘れた頃に事件・事故が起こる。唐突に教職員の不祥事や交通事故等が起こることもある。大きなトラブルにならなくても一定期間、悩ましい問題として長引くこともある。管理職と一部の教員だけで解決できる場合もあるが、学年等の教職員も巻き込まれることもある。

事件等が起こったら管理職を交えた組織で対応しないと解決が遅れる。初期対応を確実に行わないと傷つく児童・生徒、教職員が出て、長引く場合もある。最悪の事件でも、その原因を冷静に分析し、今後の対策をボトムアップで作り上げて、最悪を最良の出発点にできるようにする副校長・教頭の連絡調整が肝要である。

し　初期対応を誠実に丁寧に

学校の児童・生徒のトラブルは、避けて通れない悩ましい課題である。副校長・教頭が中心になって、慎重に話し合う中で、難題ならば校長の指示で教育委員会に相談することである。保護者を巻き込んだトラブルでは、経験の浅い若手の教員が一人で抱え、深刻化してしまう場合がある。初期対応を怠ってねじれてしまうと解決に時間がかかる。小さなトラブルでも先ずは管理職への報告・連絡・相談を徹底することである。被害者・加害者があれば、状況を十分見極めて、初期対応を誠実に丁寧に行って解決の糸口を見つけることである。深刻なトラブルが何故起こったのか、その原因を究明する核になるのは副校長・教頭である。

す　好かれる人を目指すな

一時的に好かれようとして、長い間には信頼をなくす管理職は少なくない。副校長・教頭は校長ほどの重い責任を負っていないためにややもすると、是々非々で校務を裁けずに甘い対応になって、教員に付け入る隙を与えてしまうことがある。駄目なものは駄目と終始一貫してぶれない信念がないと校務に支障が出てくることがある。

誰でも嫌われるより好かれる人になりたいものである。しかし、学校は対児童・生徒、保護者、対教員、対地域住民に対し、その場しのぎの好かれる人を目指した対応をしていては、課題や難題を乗り切ることは出来ない。一時的には嫌われても、時がたてば、正しい判断をしてもらったことが分かる対応をしたいものである。

せ　全体を動かす視点を持つ

筆者は教頭になった時、教員から首一つ上に出ただけだが、今まで見えなかったものがよく見えるようになって、学校全体を見渡すことの重要性に気づいた。教諭時代は任された校務分掌を自分なりに少し工夫をして、無難にやり遂げることで自分を納得させていた。しかし、教頭になって視界が良好になって、校長の意を体して、学校の教育活動を円滑に動かすために教職員との連絡調整の重要性に気づかされた。

職員会議等で校長に批判的であっても学校のことを真剣に考えている教員がいたり、校長にうまく取り入って表面上協力的だが本質は違う教員もいた。学校全体を動かす視点を持つと誰をどの分掌でどう生かすかがはっきり見えてきた。

そ　組織の要である自負を持つ

副校長・教頭はよく学校の要と言われる。筆者は学校という組織の急所をしっかりと掴んで離さない要人だからだと考える。教員の中には要人と思わない人も少なくないが、職務を遂行していく中で要人と思ってもらえる仕事力が求められている。個人としての有能さも必要だが、それを前面に出さないことである。主幹や主任層との連携を密にしてその潜在能力を発揮させることこそが重要である。賢しらな副校長・教頭は嫌われてしまう。

常に一歩引いて、まずは彼らの意見を聞いて、学校に取って必要なことをかみ砕いて説明し、説得することが役目である。教職員の思いを束ねる組織の要である自負を持って、校長から信頼される要人になることである。

た　闘うための不断の努力

闘うために副校長・教頭は、第一に健康であることである。校内で一番早く登校し、一番遅く帰るのが役割である。朝は校内を一巡し、校舎内外の点検、日中は校長の意を体して校務の連絡調整、文書整理、各種相談等が洪水のごとく押し寄せてくる。そんな忙しい中でも忘れてならないのは、業間タイムや休み時間に教室から引き上げてくる教員の声に耳を傾ける余裕がほしい。忙しい副校長・教頭に遠慮して、相談したいことを話していることが少なくない。どんなに忙しくても自分のパソコンから目を離して、時には相談に乗ってやることである。健康維持、校務が滞らない努力、教職員が気楽に相談できる雰囲気作りが闘うための不断の努力として大切である。

ち　知識・情報の蓄えも生きる力

副校長・教頭は激務だが、激務の中にもバイオリズムがある。知識や情報を蓄えるためにも「忙中閑あり」である。わずかな時間でも読書する、新聞を読む、インターネットを見る時間を工面し、確保することである。副校長・教頭職はやると決めたことをきちんとできるか否かが、教職員から信頼されるか否か、校長になれるか否かの分岐点かもしれない。毎日のわずかな時間でも鮮度のいい知識・情報を仕入れていく努力を続けた人の1年間とそうでない人の差を考えればよいと思う。それが3年間4年間と積み上げていったら人間としての幅と自信がついてくると考える。1年1年、知識と情報を蓄えて校長になっても生かせる力を会得していきたいものである。

つ　疲れたら休養を忘れない

副校長・教頭の疲れには2通りある。骨を折ってやった仕事が役にたった疲れと、役に立たなかった虚しさを覚える疲れもある。心地よい疲れとそうでない疲れもある。特に虚しさを覚える疲れや心地よさのない疲れは早く休養するしかない。学校の組織は、思い通りにならないことが少なくない。任せた仕事もなかなか仕上がって来ない。イライラさせられることもある。全て試練だと割り切ることが肝要である。疲れは休むこと、思い通りにならないことも待つこと、イライラの解消法も自分で工夫すればよい。筆者は毎週水曜日は、できるだけ仕事を早めに切り上げ、早めに就寝するように心掛けてきた。

疲れたら休養を忘れないことは大切な心掛けである。

て 出会いを育んで出会いを力に変える

人生は出会いの連続である。誰もがいい出会いを望んでいる。しかし、思い通りにならないのが人生である。折り合いの悪い、ウマが合わない、好きになれない出会いもある。しかし、どんな人とも上手くやるのが教頭・副校長である。

相手を変えることはできないが、自分を変えることはできる。どんな人も必ずよい点の一つ二つは持ち合わせているものである。よい点を認めて誉めてやれば、頑なな心が少しずつ変わってくるものである。よい点を見つけてやろうと思って接していけば、相手の出方も必ず変化してくる。筆者は行く先々でいい生徒、いい教職員と出会ってきた。常に出会いを大切にして出会いを育んで出会いを力に変えてきた。

と 動じない自信をつける

副校長・教頭は、多忙な毎日の中で教職員との連絡・調整に留意し、管理職にふさわしい信頼を得て、成果も上げていかなければならない。校長は一番身近な相談相手で全知全能を傾けて支えてくれると信じている。この信じる気持ちを裏切らないことが「意を体する」ことである。筆者は教頭時代、常に教員時代にお仕えした校長・教頭で見習いたいと思った方が心掛けていたことを実践してきた。それはP（計画）・D（実行）・C（評価）・A（改善）のサイクルを確実に行う過程で、小さなことも気づいたことを確実に記録することだった。それが教職員の信頼を得ること、成果を上げること、教育現場での動じない自信をつけることにつながった。

な　泣きたい時は誰にもある

泣きたい時にも泣いていられないのが副校長・教頭である。校長は泣きたい時、校長室がある。しかし、職員室の担任である副校長・教頭には、その場所がない。筆者は泣きたい時も次々と課題・難題が押し寄せてきて、泣いている間もないのが実態であった。しかし、人間は感情の動物である。泣きたい程辛い時は、心のわだかまりを解いて気分爽快といかないまでも、人に打ち明けたり、趣味に打ち込んで、ストレスを発散させることも大切である。上手く発散させられないと病気を発症する場合もある。管理職を目指した時から後戻りはないと決めてきたので、泣きたい時は誰にもあると割り切って、辛いときほどバランス感覚を保って校長を支えてきた。

に　逃げれば窮地に追い込まれる

副校長・教頭は朝の出勤時よりも退勤時のほうが仕事が増えていることがよくある。副校長・教頭は押し寄せてくる仕事の質量をどう期限内に提出するか、その見極めが重要である。片手に余る仕事があった場合、優先順位を付けて期限内にきちんと提出することである。主任層に期限のある仕事を任せる場合も1週間前、3日前に督促しておくことも大切である。

仕事から逃げれば、飽和状態になり、窮地に追い込まれることが必定である。窮地に追い込まれないためにも常に見通しを持って、優先順位を守って、そつなく仕上げていくと、心の余裕ができてくる。校長、教職員との関係も良好になって、自然と仕事が捗るようになって来るものである。

ぬ　抜かれても力を蓄えよ

マラソンは抜かれたら負けだが、教職人生のマラソンは退職する日が管理職のゴールである。長い教職人生では、仲間や同僚に抜かれてしまうこともある。思い通りいかない雌伏の時こそ我慢の時である。雌伏の時、我慢の時は、ピンチの時でもある。ピンチはチャンスと考えて、目標をもって力を蓄える努力をすることである。長い人生で少しの遅れをとったからといって、めげたり、ぶれたり、あきらめないことである。前向きでない人は管理職の次のステップに行くことはできない。

児童・生徒の命を預かる学校には、順調な日々と波乱の日々が繰り返し訪れる。目の前の逆境をはね除ける力こそ副校長・教頭時代に会得しておくことが肝要なことである。

ね　根を細根にする基礎固め

「良樹細根」という言葉が好きである。学校経営は、堅実でなければ、本質が直ぐに露見してしまう。堅実な学校経営は、校長と副校長・教頭が一枚岩で、管理職と各主任層が一体となって校長を支え、教職員が児童・生徒のために持てる力を発揮して、楽しい学校づくりの協働体制が作られていることである。管理職が目指すべき学校は、「良樹細根」で考えると、堂々たる大木の地上に出ている幹や枝葉と同形以上の根っこが地中深くしっかりと張り巡らされていることである。地下の根っこは、学校の大切な組織の土台である。

土台を盤石にしていくためには、一年一年根っこを地中深く張り巡らせ、更なる強固な基礎固めをしていくことである。

の　望み叶えて成功体験

前例踏襲・現状維持で変革を望まない毎日を送っている教員も少なくない。教員採用後、失敗体験はあっても成功体験をしたことのない人も少なくない。失敗体験からは本来学ぶべきことが多いのに、その機会を逸して、辛酸だけ舐めて挑戦することに臆病になってしまう教員もいる。副校長・教頭は、校長のリーダーシップの基で、皆の力を結集して、望みを叶え、小さな成功体験を心から味わえるようにすることが大切である。その際、注意すべきは、最初から共通理解を目指さないことである。先ずは、足並みをそろえた共通行動を目指す中で小さな成功体験を味わえる配慮が必要である。副校長・教頭の焦りは禁物である。焦らない待ちの心が求められる。

は　励ましの心とやさしい心

職員室の担任である副校長・教頭は、職員室の会話に耳を貸すことなく、パソコンとにらめっこしていたり、スマフォを操作していていては、失格である。仕事に忙殺されていると、心の余裕がなくなってくる。心遣いも緊張感を持続していないと見逃してしまう。声かけはタイミングを逸しないことが大切である。

副校長・教頭は、タイムリーに励ましの心とやさしい心遣いを心掛けて、言葉としてきちんと教職員に伝えていくことが肝要である。この心がけが習慣化してくると信頼される管理職の仲間入りができる。五感を研ぎ澄まして教職員の話し声をダンボの耳で聞いていなければならない。休み時間は、仕事の手を休める方が仕事も捗ると考える。

ひ　ピンチには知恵を出す

筆者はピンチと遭遇する機会が少なくなかった。そのためピンチは常にチャンスだと考えられるようになった。ピンチを乗り越えるには、先ず自分との闘いに勝つことが重要である。自分の中で乗り越えられる見通しと自信がないと第一歩が踏み出せない。副校長・教頭は校長から突きつけられた課題と直面し、課題解決するしか道がない状況に追い込まれることもある。ピンチに遭遇したら、自分一人で背負うと自滅してしまうこともある。周りの主任層に分担し、ピンチと思えるときほど、知恵を絞り出して、じっくり取り組むことである。必ず前途に光明が見えてくるはずである。拙速にならずに一歩ずつ着実にゆっくり前進していくだけである。

ふ　フェアーな職場づくり

教員のスタートから児童・生徒にフェアーに接することを心掛けてきた。副校長・教頭は、何となくウマの合う人も合わない人も一人一人の教職員とフェアーに接することが肝要である。職員室の担任である副校長・教頭はフェアーでなければ、連絡調整が上手くできなかったり、協力が得られなくなったり、学校行事の足並みも揃わなくなったりする。管理職がフェアーな職場づくりを実践していけば、学年経営や学級経営にも好影響を及ぼす。フェアーな職場になると、先輩が後輩へ適切なアドバイスをしたり、気楽に相談に乗ってもらえる職場になる。フェアーな職場づくりは、扇の要の副校長・教頭が忘れてはいけない重要な経営の基盤づくりである。

へ　へこたれない強靱な姿勢

強気一点張りの人は、弱さを逆手に取って虚勢を張っているように見えてしまう。強さを自覚しない弱さと弱さを自覚しない強さは五十歩百歩だと考える。人間は強くもあり弱くもある。その微妙なバランスの中で生きている。強さだけ、弱さだけを前面に出せば、副校長・教頭は信頼を失ってしまう。困難に直面してもへこたれない強靱な姿勢は一朝一夕には作れない。へこたれない強さは、教職員との信頼関係を築いていく中で醸成される。管理職としての校務に精通して経験知を蓄えることが、自信とへこたれない強靱な姿勢を確かなものにしてくれる。副校長・教頭のへこたれない強靱な姿勢が学校経営の安定化につながっていくのである。

ほ　ホウレンソウを確実に

学校の事件・事故は、初期対応が重要である。初期対応が早急にできるようにするには、学校の報告・連絡・相談の徹底が不可欠である。学級で何か起これば、学年主任、生徒指導主事、副校長・教頭、校長へと情報が短時間に伝えられ「チーム」で対応すべきである。事件・事故も内容によっては、教育委員会へ報告すべきこともあるので要注意である。

毎日、新聞等で学校の事件や事故をチェックすることである。朝の打ち合わせの時間に紹介して、注意喚起を促しておくことも副校長・教頭の大切な役割である。ホウレンソウを確実に職場に根付かせるためには、折あるごとに訴え、具体の事故等に遭遇すれば、協働して解決し、達成感を味わうことも大切である。

ま　真っ直ぐな動じない心

教諭から教頭になると責任の重さ以外にその違いを感ずるのは、様々な情報がもたらされることである。正しい真実の情報も多いが、そうでないよからぬ情報で振り回されることもある。

横道にそれないように真っ直ぐの方向を見定めて動じない心を持てないとぶれてしまうことも少なくない。よからぬ情報は、出所を見極め、主任層と複数で確認することが肝要である。校内の教職員のトラブルも鵜呑みにしないで、双方の言い分も聴いて、真っ直ぐな動じない心で裁いていかないと、トラブルが上手く収束しない。

トラブルは上手く収束できて当たり前である。逆に上手くいかなかったら、教職員や校長からの信頼を失うことにつながる場合もある。

み　道を切り開く自信が必要

副校長・教頭が仕える校長には、様々なタイプがいる。教職員にもウマが合う人、ウマの合わない人もいる。副校長・教頭は、どんな校長、教職員とも上手く付き合う術が求められる。筆者は、どんな校長、教職員でも上手く付き合うことが管理職と割り切ってきた。校長の指示で新たな道を切り開くとき、合う合わないは言っていられない。必ず成功させるという自信こそが必要である。

筆者は必ず成功させる自信は、管理職に必要な予知力だと考える。まだ結果が出ない中でも、何となく上手くいく予感を持てるか否かで、主任層は副校長・教頭についていくかどうかを決めるのである。日頃から誠実にフェアーに教職員と接する中で培った自信がものをいうのだ。

む　無理・無駄を見極める

「無理が通れば道理が引っ込む」と言われるが、校長によっては、無理を承知で課題を押しつけてくることがある。その時、教職員の言い分を聞かず、校長から言われたままの課題を押しつければ、上手くいかない。そんな時、副校長・教頭としてどんな対応をするのか、一旦立ち止まってみることである。筆者の知る教頭で残念な教頭は教職員の意見を傾聴しなかった。また、無理を承知で押しつけて、稟議と根回しをしない人だった。

反対が多くて、教職員が納得しなければ、引っ込めて再検討も必要である。無理な手法は、無駄な手法である。教育活動の無理・無駄を見極めるのは、管理職の役目である。見極める眼を持つことが次のステップにつながる。

め　眼を見開き本質を見る

学校現場は「個人情報保護法」が施行されてから教職員の個人情報に過剰反応し過ぎていると考える。副校長・教頭は立場上知り得る情報も少なくない。筆者は守秘義務を弁えて、日常のさりげない会話をとおして、教職員の個人情報を集めておくことも必要不可欠だと考える。例えば、教職員が遅刻してきたとき、一人は、子どもを保育所に送り届けて遅れた場合、一人は単なる寝坊で遅れた場合、両者の声かけは異なるはずだ。注意を喚起する場合でも常に情報を集め、目を見開き本質をしっかり見ることが管理職の務めである。

副校長・教頭はしっかりとした情報の裏付けを持ち、拙速にならないように総合的に判断し、慎重な物言い、行動が求められる。

も　もう一歩踏み出す努力

管理職になると前例踏襲・現状維持で日常の業務を遂行したくなるものである。例えば、文書を発送する時、「公用文作成の手引き」と異なる若干の訂正を加えた方がよりよい文書になる場合に、副校長・教頭が指摘せずに見てみないふりをすれば、それで終わりである。もう一歩踏み出す努力をするのが管理職である。闘う副校長・教頭になるためには、学校のため、生徒のためになるなら、もう一工夫して、よりよいものにしていくことが、教職員の信頼を高めることにつながるのである。

教職員はプライドが高いのか訂正されることを嫌う傾向がある。訂正前と訂正後の文書を比較させれば、よりよいものになれば、納得してもらえることを忘れてはならない。

や　止めれば負けてしまう

筆者は若い時代、学級経営に本気で取り組んできた。学級の力を結集し、学年行事、文化祭・体育祭などで成果を共有できるようにしてきた。教頭を経験したときも教職員の力を結集して、学校行事等に取り組み、一定の成果を出してきた。学級も学校も経営で考えたら一本の共通の心棒があることに気づいた。学級も担任1人が40人と綱引きを止めれば負けてしまう。学校も管理職と教職員とが綱引きをすれば勝負は決まっている。

本来負けの勝負に勝つためには、ぎりぎりのせめぎ合いの中でも綱を放さないことである。勝つための組織づくりは、リーダー・サブリーダーを養成し、彼らを支える集団づくりをして、力を結集するのが学校経営である。

ゆ　ゆとりから生まれるユーモア

多くの副校長・教頭と一緒に仕事をしてきた。酒、麻雀、パチンコの好きな人、パソコン、音楽、山、ゴルフの好きな人、色々な趣味を持つ個性派揃いだった。無趣味の人は人間的に魅力がなかった。職員室の担任である副校長・教頭は趣味を持つことで、人間的なゆとりと魅力が教職員に伝わるものである。教職員の趣味を知って置くことで、その話題から近づけば、話しやすさが生まれてくる。

職員室の張り詰めた雰囲気を和らげるためにも、趣味の話を職員室でできる余裕がほしい。その余裕から生まれるユーモアが職員室の潤滑油となって、人間関係を良好にしてくれる。そのためにも副校長・教頭は、ゆとりから生まれるユーモアを大切にすることである。

よ　世のため、人のために汗を流す

教育は児童・生徒の可能性を信じて、学習が楽しい、学習が分かる学びを保障しなければならない。教育は楽しい学校生活を通じて社会人になっても他人を大切にして、共に幸せな人生を送れる人間力をつけなければならない。確かな学力を保障し、児童・生徒が幸せな人生を送れるように教えるプロの営みが教育だと考える。世のため人のために社会で活躍できるようにする学校教育の舵取りをする校長の補佐役の重要な役割が副校長・教頭である。

教職員に汗をかかせるなら、先ず管理職が汗をかかなければならない。「まず隗よりはじめよ」である。教育を担う副校長・教頭が世のため人のために汗を流して職務に専念すれば、学校は必ず前進する。

ら　楽をしないで苦労を買って出る

誰もが楽をしたいと思い、苦労はしたくないと考えている。しかし、苦労した結果として楽ができるようになるのである。苦労しないで楽をしたい教員が多くいれば、組織は劣化し、やがて衰退の憂き目を見ることになる。

学校の管理職の要の副校長・教頭が楽をせずに苦労を買って出るから、主任層、教員が苦労を引き受けてくれるのだ。目の前の児童・生徒を見ていれば、もう一工夫、もう一苦労してできるように、分かるようにしてやりたいと思うのが教育のプロである。

児童・生徒を伸ばし、生きる力をつける教育のプロの指導力を更に向上させるプロが管理職である。教職員の力を校長の元に収斂して学校力に変える要となるのは、副校長・教頭である。

り　利口に立ち回らない

副校長・教頭は、校長に対しても教職員に対しても、常に一歩引いて小利口に立ち回らないことである。県教委でお世話になっているときに上司が、「小利口な人間になるな」と全体に向かって時々話されることがあった。将来、各学校現場のリーダーとなる教員としての誇りを持って、有限の仕事を楽しんで「やっつけろ」と言われた。利口な人の集団で利口に振る舞うことはそれ程問題ないが、利口な人もそうでない人もいる学校では、浮いてしまうからである。

本当に利口な人は、知恵のある人で利口ぶらない人である。利口ぶる人は、色々な場面で小利口に振る舞ってしまう。副校長・教頭は学校経営の参謀として小利口に立ち回らないことが肝要である。

る　留守を任せて安心な職場

教育困難校に勤務していたとき、出張・休暇・休日も気が休まらなかった。クラス表示が壊され、いたずら書き、タバコの吸い殻、ゴミの散乱等校内は荒れに荒れていたからである。この荒れを食い止めるのは、副校長・教頭の各分掌との連絡・調整が重要である。力ずくの生徒指導で一時的に荒れを食い止めても、学び直しを含めた学習指導がきちんとできないと根本解決にはつながらない。生徒指導が落ち着きを取り戻したら、次に、分かる授業、楽しい授業の基盤づくりである。

児童・生徒が学校にくるのが楽しくなれば留守を任せて安心な職場ができるのである。安心・安全な職場になると、心のかさぶたが一枚ずつはがれてくるから不思議だ。

れ　礼に始まり礼に終わる

礼儀正しい人に会うと気持ちが晴れやかになる。何故なら、折り目正しい一挙手一投足に好感を覚え、その好感度が心に焼き付けられるからである。言葉より心の思いは雄弁である。以心伝心というが、上辺だけの言葉は相手の心に響かない。副校長・教頭は、勤務の始まりから終わりまで、礼に始まり礼に終わること、一挙手一投足を職場の全員に見られていることを忘れてはならない。

残念な副校長・教頭は、席に座ったまま対応したり、手を動かしながら、話を聴いているふりをしている人もいた。相手と同じ目線で真摯に向き合うことが基本である。聴く耳を持って真剣に聴き、適切な助言を与えて、相談してよかったと思わせる心掛けが大切である。

ろ　労多く功少ない職の弁え

若い頃同僚から「校長になりたいが教頭はやりたくない」という言葉をよく聞いた。この偽りのない本音の中に上昇志向があることが窺える。校長も副校長・教頭も経験した人にしか分からない内実は理不尽でおどろおどろしいものもある。校長を支え、教職員の信頼を得た副校長・教頭職を全うした人しか校長はできない。理不尽な権力を振り回す校長、先見性と余裕のある校長もいる。自分が目指したい校長像を持つことである。

副校長・教頭時代に校長になったら、実現したいことや取り組んでみたいことを小引き出しに貯めていくことも肝要である。労多く功少ない管理職の弁えを忘れずに校長になって思う存分力を発揮する蓄えをしたいものである。

わ　笑いの絶えない職場づくり

児童・生徒は学校が好き、教職員は児童・生徒のために働くことに生き甲斐を感じている。管理職は教職員、ＰＴＡや地域と良好な関係を保っている。この当たり前のことが行われていないと、学校には不協和音が生まれてくる。副校長・教頭は児童・生徒と学年、教職員やＰＴＡ、地域との良好な関係づくりの中心的役割を果たす自覚を持つことである。

組織の不協和音を最初に耳にしたら、校長の意を体して、有効な次の一手を打つことで、風通しのよい職場づくりができる。教職員は困った時、気軽に相談し、適切な助言が聞ければ、笑いの絶えない明るい職場ができる。副校長、教頭が中心的役割を自覚した笑顔の心得で職務を遂行することが基本である。

終わりに

副校長・教頭は学校という組織の扇の要である。校長の意を体し、教職員の連絡・調整役として重要な職責を担っている。校長が出張しても副校長・教頭が校内にいれば校務はまわる。副校長・教頭が出張で出かけると校務に支障が出る場合もある。校長から頼りにされ、教職員から信頼されることを励みとし、ミドルリーダーから階段を昇って、やり甲斐を見出せた人だけが校長になるべきだと考える。何故なら校長になりたいという上昇志向の強い人も見てきたが、そういう人は校長というポストに魅力を感じて、ゴールを目指すだけだからである。校長職はゴールではなくスタートである。

学校のため児童・生徒のために学校の実態を見極めて、その課題解決のスタートラインに立つことである。校長の意を体し、身を粉にして信頼を得た人にこそ副校長、教頭から校長への道が開けて来るべきである。校長をしっかりサポートすることはいうまでもないが、主任層、教職員、ＰＴＡ、地域からの信頼も大切である。

校長と教職員のクッション役としてバランスよく即かず離れず、いい加減の人間関係の公平性を保つことが肝要である。

校長は振り向いても誰もいない。副校長、教頭は振り向けば校長がいる。校長になったら、どのように課題を解決し、副校長、教頭、主任層と連携していくか、その心構えをしっかり持って、日々の校務を怠りなく進めて行くことが大切である。四十歳からの教職人生はあっという間に過ぎていく二十年である。学校経営は管理職としての副校長・教頭時代に失敗しても経験知を十分蓄えることである。蓄えた生きた経験知を活用すれば、たいていの課題は解決できる。副校長・教頭時代は管理職としての自信とやり甲斐を培うことが重要である。

強みと弱みを自覚する

ミドルリーダー編

はじめに

「校長」、「副校長・教頭」につづく「ミドルリーダーあいうえお」である。どの学校の校長も副校長・教頭もミドルリーダー（以下、「ミドル」という）を経験されない方は、殆どいないと思われる。校長にとって直属の副校長・教頭、ミドルは間違いなく次の時代の後継者である。校長はその後継者を名実ともに信頼される管理職に養成する使命と役割がある。これから始める「あいうえお」は、校長、副校長・教頭が読んで、ミドルを指導するときに活用したり、ミドル自身にも読んでもらい、管理職とミドルが一枚岩になるために少しでも役立てていただければ、筆者として望外の喜びである。

ミドルは教務、生徒指導、進路指導、学年等学校の分掌の責任者を務めながら、校長、副校長、教頭等との良好な人間関係づくりや教職員とも積極的にコミュニケーションを図っていくことが肝要である。管理職との関係も常に聞き役でなく、しっかりとした自分の意見を持って、会話の中に意識的に反映させる心掛けも大切である。

ミドルは自分の強みと弱みを自覚する必要がある。強みがあるからと虚勢を張ったり、高飛車に出たりしないことである。常に謙虚に誰に対しても誠実な対応が求められる。ミドルは責任と忙しさが増してくるが仕事の段取りに見通しを持って忙殺されないことである。法規に強くなること、新聞や雑誌、専門書にも目を通し、知識を豊かにすること、校内の仕事と自分の仕事の関連を常に考えること等を自覚することが大切である。そして管理職から何を任せても安心と言われる実績を積み上げるとともに仕事のやり甲斐を実感することである。

ミドルが任された分掌の仕事を楽しく行うこと、地域から信頼される学校づくりをする管理職とミドルが良好な関係を築き上げることの参考になれば幸いである。

あ　諦めないで歯を食いしばる

担任等から主任層の仲間入りをして、今まで経験したことのない課題に直面することがある。管理職と教職員の板挟み状態で悩ましい一時期を過ごすこともある。ミドルリーダーの試練は、最初から一人で課題を背負わないことである。対児童・生徒との課題も複数のことが絡んできたり、保護者が苦情を言ってくると複雑化する。教育委員会等へ苦情が入れば更に拍車がかかる。常に副校長・教頭と連携し、同一歩調で解決の糸口を見つけて、課題解決をして自信をつけることが肝要である。

課題は解決するためにあきらめないこと、最後まで誠実に取り組むことである。辛い時にあきらめないで歯を食いしばって乗り越えると必ず次の課題が待っている。

い　命を大切に人生は一度だけ

命を大切にすることとは、教育に携わる人全てが常に心に銘記しておくべきことである。いじめ等の自殺のニュースに接する度に、教育の無力を痛感する。いじめ等のはっきりした理由がある場合を除いて、自死した事例にも遭遇してきた。児童・生徒の最前線で教育に当たる学級担任に見極める目があれば、いじめも自死も必ず何らかのサインが発せられているはずである。担任が毎日の出欠確認をし、健康観察をする中で、いつもと違う表情・態度・身なり・服装等のわずかな変化も見逃さないように指導することと、児童・生徒の一人一人の微妙な変化も見極める確かな眼力を持って指導にあたることに、ミドルリーダーの生徒指導主事、学年主任には、特に求められる。

う　受け入れる度量を持つ

教職員のやるべき仕事は、平均化して校務分掌等で割り振られているように見える。しかし、現実はかなり異なる。児童・生徒の学習指導が得意な人、生徒指導が得意な人、進路指導（生き方指導）が得意な人等が得意な仕事を任されることもあるが、得意でない仕事を任されることもある。そんな時、どんな仕事も受け入れる度量を持つことがミドルリーダーには、求められる。得意でないからこそ得意を増やすチャンスと捉え、取り組めば思いがけない新たな気づきがある。ミドルが度量を広げるには、常に一人でやろうとしないで、協働して少しずつ、経験を積むことである。難しさとやり甲斐を経験する中でリーダーの資質に磨きがかかるのである。

え　笑顔が職員室を明るくする

職員室の担任は、副校長・教頭である。職員室の担任が笑顔を絶やさない人とは限らない。そんな時、ミドルリーダーに笑顔を振りまく余裕があれば、職員室が明るくなる。管理職の笑顔が、ミドルリーダーに、ミドルリーダーの笑顔が担任へと笑顔の輪が広がるようになると、職員室から職場全体の風通しがよくなってくるものである。笑顔は自然と伝染するので、特に学年主任から担任へ、担任から児童・生徒へと笑顔が一つ一つの教室に確実に届けられるようにしたいものである。ミドルリーダーの笑顔は職員室を明るくするという強い自覚と心掛けで、教育活動に邁進していけば、自ずから目の前に、次の道が明るく開けてくると考える。

お　同じ目線で仕事をこなす

担任からミドルリーダーになると、急に態度が大きくなってしまう人もいる。本人が気づいていないところで周りの人にそう思われては、職場の信頼は得られない。例えば、同じ校務分掌の若い教員が相談に来たとき、座ったまま対応している姿は、周りの人に好印象を与えない。しかし、同じように相談に来たら、直ぐに立ち上がって同じ目線で対応している姿は、周りにどんな印象を与えるか、想像に難くない。ミドルの時代から、常に謙虚で、誰に対しても誠実な対応を心掛けていれば、自ずと協働して取り組むベースができてくる。周りの信頼も少しずつ得られるようになって来る。常に低姿勢で、同じ目線で仕事をこなすよう心掛けたいものである。

か　可能性を信じて発想する

管理職から難しい課題が与えられたら、ミドルリーダーとして経験不足のため戸惑うこともある。ミドルにとって、難題にどう取り組むかその姿勢が問われる。思案に思案を重ねるとき、肝要なことは、難題を解決できるかもしれないと可能性を信じて発想することができるか否かが解決の分岐点となる。やる気のある人は、できるという可能性から発想する。しかし、やる気のない人はできない理由からあれこれ考えて、課題解決をあきらめてしまうものである。リーダーは白旗を上げることなく、仲間の可能性を信じてやることが、仲間の可能性を引き出すことにもつながるのである。部下が課題解決し伸びれば、ミドルリーダーにも本物の力がついてくる。

き　協働体制づくりを心掛ける

ミドルリーダーが真のリーダーになるために不可欠な資質は、自分の中にわき上がる怒りがあったときコントロールできることである。リーダーになれば、思い通りにいかないこと、部下の失敗の尻ぬぐいをさせられることもある。怒りが込み上げてきたとき、自らの怒りに負けると教職員の反感を買って、人間関係が崩れてしまう。任された分掌の責任者として、組織のまとめ役として常にチームワークを発揮できるように協働体制づくりを心掛けることである。まとまりのある集団づくりには、怒りを瞬時にコントロールできる術を会得しておくことが肝要である。教職員の協力、周りの支持の得られる協働体制づくりができれば信頼関係が構築できる。

く　苦しさを乗り越える

苦しい経験もミドルリーダーが真のミドルリーダーになるためには必要である。しかし、苦しい経験ばかりしていては、苦しさを乗り越えるエネルギーを蓄えることができない。苦しい時は時々訪れる。常に一人で乗り越えようと思わないことが肝要である。苦しい時こそ、同僚・先輩、分掌の人と協働して、管理職の力も借りながら、克服して経験知をその時々に蓄えていくことが、自信につながっていくものである。苦しい時は誰でも逃げたくなるが、決して逃げないことである。逃げれば後に必ず悔いが残り、未解決の課題はその後も追いかけてくる。一つずつ着実に解決できると信じて知恵を絞り、最後まであきらめずに苦難を乗り越えることである。

け　元気・根気・やる気

元気の源は、朝食をしっかり食べること、根気の源は、最後まであきらめない信念を持つこと、やる気の源は、きっと上手くいく可能性を信ずることである。この三つの「気」がバランスよく身についてくるとミドルリーダーの力が存分に発揮できる場面が増えてくる。元気だけで課題を解決できるとは限らない。中堅層のミドルは、これまで培った経験を基に課題の核に何があるのかをしっかり見極めて、同僚や管理職にも相談し、独断専行しないことである。判断に迷っても最後まで、冷静な判断を心掛け、拙速な結論は出さないことである。そして、やるからには、プラス思考できっと上手くいくと自分を信じて仕事を丁寧に仕上げることである。

こ　言葉は命取りになることもある

言葉は日常生活を送る上でも一番便利なツールである。心して使用すれば、多くの児童・生徒を感動させることもできる反面、誤解を受ける言葉を使用すれば、児童・生徒を傷つけ、本人にとっても取り返しのつかないことになりかねない。ミドルリーダーになれば、首一つ上の今まで見えなかったことが見えたり、今まで聞くことのなかったことを聞く機会も増える。言葉を慎重に選び、誤解を与えないようにリーダーにふさわしい適切な言葉遣いのできるように、教育界の動き、世の中の動きにも自分なりの意見を持てるようになりたい。文章を書く機会も増えるので、忙中閑ありで新聞や読書にも時間を割けるように時間を有効活用したいものである。

さ　些細なことは片目を瞑れ

ミドルリーダーになり一つの分掌、学年等を任されると、教職員と管理職の板挟みになることも少なくない。

教員から首一つ上に出ると、若干視界が変わるものである。しかし、見えるものが増えた代わりに見えなくなってしまうものもあることを忘れないことである。不用意な発言、不平・不満の発言に一つ一つ気にしていては、胃に穴が開いてしまう。発言の裏にどんな真意があるのか読み取ったり、忖度できるリーダーになるためには些細なことは片目を瞑り、くよくよ悩まないことである。ミドルリーダーの時代には、校長、副校長、教頭と違って、校内にもリーダーは複数いるので、何でも話せる良きライバルを積極的に持つことも必要である。

し　シンプルに仕事を絞る

学校現場は前例踏襲、現状維持がはびこっているところもある。一つ一つの仕事を新たな眼で見直していくと、削ぎ落とすべき贅肉がついていることに気づく。ミドルリーダーとして、気づいたら副校長・教頭と相談して、スリム化の提案をすることである。仕事の無駄をなくすには、勇気が必要である。見て見ないふりをすることは誰でもできる。

児童・生徒のため学校のためになるなら勇気を持って、無駄をなくすために先頭に立てるミドルリーダーになることである。現場の仕事の無駄をなくさない限り、シンプルに仕事を絞り込むことはできない。仕事の無駄がなくなれば、効率化、能率化が図れるし、教職員の働き方改革にも必ず役立つと考える。

す　好きな仕事にする

人間は誰でも好き嫌いがある。仕事も得手不得手があって当然である。不得手だと思い込んで避けてみたり、消極的になったりするが、苦手だと思っても、取り組めば、あれこれくよくよ考えることもなかったことに気づかされる。その際、大切なことは一所懸命誠実に取り組むことである。失敗したり、上手くいかないときも一所懸命取り組めば、支援の手があちこちから伸びてくるものである。

筆者はやると決めたら最後まであきらめないで取り組んできたら、不得手なものが少しずつなくなってきた。食わず嫌いで敬遠していると不得手や苦手を克服することはできない。ミドルの時代こそどんな仕事も好きな仕事にする心掛けが肝要である。

せ　前例踏襲をぶち破れ

学校は毎年入学・卒業が繰り返され、児童・生徒が6分の1、3分の1ずつ入れ替わる。児童・生徒の保護者も替わる。教育改革の波も毎年現場に押し寄せてくる。そのような時代の中で、前例踏襲に固執していれば、組織は年々劣化して学校力が落ちてくると考える。Ｐ・Ｄ・Ｃ・Ａを確実に実施し、学校評価をきちんと行っていけば、前例踏襲・現状維持に満足していられないことが分かる。今後押し寄せてくる深刻な波は、少子化の波である。その波を打ち負かすために、ミドルリーダーの前例踏襲をぶち破る元気・根気・やる気が求められる。人生百年を生き抜く児童・生徒の育成のために勤務校でできることを真剣に考えるのが、真のミドルリーダーである。

そ　相談できる人は必ず必要

ミドルリーダーは、学年、教務、生徒・進路指導、研究等の責任者である。管理職の校長・副校長、教頭の指導と助言に耳を傾けて各分掌をしっかりまとめなければならない。リーダーは言うまでもなく各分掌の副主任との連携も大切である。連携するためには、何でも気軽に相談できる上司や同僚が必要である。リーダーは一人ひとりと意思疎通の取れた風通しの良い信頼関係を築くことが基本である。学校現場は予期せぬ事件や事故が起こることがある。ピンチに襲われたとき、良好な人間関係ができていないと綻びが露呈してしまうものである。組織はリーダーの望み通りにならないが管理職の期待に応えられるように努力することも重要な務めである。

た　誰とも対等の立場を貫く

ミドルリーダーは、先ず第一に任された分掌の人間関係を良好にし、誰とも対等の立場を貫くことが肝要である。若い頃、教務部、生徒・進路指導部等に所属していて気づいたことがある。各部長が教員と対等に仕事の割り振りや助言をしない部は、まとまりに欠けていた。どの分掌も均一に仕事の分担をすることは不可能である。しかし、負担を掛ける部員に常に声かけや助言を惜しまない日常の心掛けをすれば、負担を負担と思わなくなってくるものである。筆者は逆に負担がやり甲斐につながって、部長から期待されて仕事を多く任されたと思えるようになってきた。ミドルは管理職とも等距離のつかず離れずの良好な関係づくりを目指すべきである。

ち　知識を蓄え活用する

学校経営は思いがけない事故や事件に遭遇する。児童・生徒、教職員にかかわる場合、経験知で解決の糸口が見つかることが少なくない。ミドルリーダーの時代に教育誌や教育界の潮流にアンテナを高くし、知識を沢山蓄えておくことである。蓄えた知識が学校現場の事件や事故等に役立つようになると、知識は知恵になり、経営の役に立つことが実感できる。日頃から知識を蓄え活用すれば、現場でその都度役立つ知恵になる。筆者は教務主任、教頭・校長を経験し、多くのミドルリーダーの仕事ぶりを見てきたが、その後の活躍の様子から判断すると、忙中閑ありで、教育誌にも眼を通す余裕のあった人が間違いなく管理職になっても活躍している。

つ　強さは常に内に秘めておく

人間は誰でも強さと弱さの両方を持ち合わせて生きている。その両方のバランスを保ちながら生きることが大切である。本物の誰もが認める強さなら打たれてもそれ程応えることもないが、独りよがりの強さを標榜して、挫折してしまう人も見てきた。他人と直ぐに比較する競争心の強い人は、弱さを隠した脆弱な強さで虚勢を張っている。強さを前面に出せば出すほど、失敗する人もいた。強さは常に内に秘めておくものである。ミドルリーダー時代にこそ現場で経験した本物の力を蓄えておくことである。校長になったときエンジン全開で自分の本物の強さを学校経営に生かし、児童・生徒のため、学校のため、地域のために役立てることこそが重要である。

て　出会いを力に変える

　学校現場では児童・生徒も教職員も相手を選べない。筆者はその意味で人の出会いも縁だと考え、出会うべくして出会ったのだと割り切ってきた。出会いは以心伝心なので、出会って良かったと思えれば、相手にもその思いが確実に伝わるものである。ミドルリーダーが任された分掌の責任者として出会いを大切にして、出会いを力に変えれていけば、学校経営の心棒がしっかりして、管理職の力になれる。担任からリーダーになって心掛けることとは、誉めることをタイムリーに行うことである。人を誉めれば、相手も喜び、自分も喜びを感じることができる。黙っていても思いが伝わると勘違いしているリーダーもいるが黙っていては何も伝わらないと心得るべきである。

と　歳を重ねて実力を培う

　教員は歳を重ねて着実に実力を備えていく人とそうでない人とに二分化される。教科指導も生徒指導も学級経営でも年々歳々実力をつけていく人もいるがそうでない人もいる。基本的に学ぶこと、教えることの好きな人が教員になり、集団の中から様々な経験を積み、確かな実力をつけた人がミドルリーダーに抜擢されるのである。ミドルリーダーになった後も読書を心掛けて研修を積極的に受講し、学び続けた人が知らず知らずのうちに真のリーダーにふさわしい信頼と実力を兼ね備えられるのだと考える。任された分掌の責任者になってもリーダーにふさわしい言動に常に留意し、任された分掌の仲間の信頼を得て責任を果たしていくことが肝要である。

な　何事もゴールを決める

学校の教育活動もスタートがあれば、ゴールがある。

ゴールに到達するためには計画を立てる必要がある。その際、気をつけることがある。仕事のできるミドルリーダーは自分一人で立ててしまうことである。計画が予定通り進捗していくためには、計画の段階で同じ分掌の所属職員の参画と協働が重要である。一人一人の意見が反映され、自分も計画づくりに参加したという意識がゴール到達の秘訣である。筆者が教員の駆け出しの頃、今でも優れた上司と思う方は、常にみんなに仕事を割り振り意見を聞きながらまとめ上げる達人だった。人に任せるより自分でやった方が早い場合が少なくないが、人に任せることが出来てはじめてリーダーになれるのである。

に　逃げれば追いかけられる

誰でも嫌な仕事からは逃げたいと思う。ミドルリーダーへと階段を一つ上るだけで、仕事が増えて責任が増し、思い通りにならない部下も相手にして、不平・不満も聴いてとなると耐えられなくて逃げたくなるのが人情である。しかし、ここで踏ん張ることがミドルの使命である。筆者は逃げたくなった時こそ知恵を出して、その困難を乗り越えるにはどうすればよいか熟考してきた。逃げたくなって逃げていたら、いつも逃げ回っていなければならなくなる。逃げれば追いかけられることが必定だからである。逃げたくなってもミドルとしての強い自覚とプロ意識で乗り越えていくことがスキルアップに確実につながって芯のあるミドルになっていくのである。

ぬ　抜かりのない事前準備

ミドルリーダーにはライバルが必要である。いたずらに競う必要はないが、適度に意識してミドルらしく大人のつきあいが求められる。ライバルに抜かれても良い場合もあるが、拱手傍観のまま立ち尽くしてもいられない。中堅のリーダーが各分掌の牽引力になって、学校経営の中核の役割を担うことが学校という組織を前進させる原動力になる。各リーダーがその使命を自覚して着実に前進していくためには、ぬかりなく事前準備をすることである。筆者は初めてミドルリーダになったときからせっかちなところを反省し、人の話をじっくり聴くことを心掛けてきた。人の意見に耳を傾けられるようになるとしっかりとした自分の考えを言えるようになった。

ね　根回しと稟議を忘れない

教育活動には様々な軽重の案件がある。日頃から自分が担当する軽い案件でも稟議と根回しを忘れないことである。ミドルリーダーのときに意見に耳を傾け、異を唱える人の真意がどこにあるかを考え、運営委員会、職員会議等に臨むことである。事前にどこに力点を置いて説明し、納得させるか見通しが立つからである。会議等で事が上手く運ぶように前もって手を打っておくことの大切さが分かるようになると、仕事のやり甲斐が生まれてくる。管理職から難題を突きつけられてもどう取り組んだら良いのかが分かるようになってくる。仕事に張り合いが出てくる。根回しをする中で様々な意見を採り上げていけば教職員の信頼が増して、更に人間関係が円滑になってくる。

の　飲み会を愉しみにする

仕事はそつなく出来るのに、飲み会等に消極的なミドルリーダーを見てきた。飲み会になると元気になる人も見てきたがミドルはバランス良く何でもこなせる度量も必要である。筆者は教育委員会勤務のとき年間80数回の飲み会を経験した。現場からの問い合わせの電話が鳴り止んで、5時から8時まで仕事をするぞとやる気でいると上司から「飲みに行くべえ」と一声が掛かると5分後にエレベーター前に集合だった。飲み会のために家族を犠牲にして、土曜日・日曜日に出勤した。抵抗できない職場と分かったので、嫌々参加するのではなく、日頃話せない上司や同僚と何でも話せて、困っていることも適切なアドバイスももらえていつか愉しい飲み会になっていた。

は　晴れやかな笑顔の心掛け

笑いが癌を治す演劇「ホスピタル・ホスピタル」を見た。笑いが周りを明るくし、病気まで治す効力があることを訴える見応えのある演劇だった。笑いの効力を信じてみたいと考えさせられた。ミドルリーダーが先ず取り組むことは、任された分掌の教職員の個性や能力を見極めて、業務の割り振りをして良好な人間関係を築くことである。笑いがうまれるためには、困った時にも気軽に相談が出来て仕事が上手く回転することである。そうなると自然に余裕がうまれ、晴れやかな笑顔が広がり、時間の余裕、仕事の見通し、困った時に常に相談できる組織になる。分掌の各チームに笑顔がないのに、児童・生徒を笑顔にすることは不可能である。

ひ　人は教えることで学ぶ

小・中・高・大と学びの質が変わっても、その都度自分なりの学びを工夫したり、幅広い読書をしていかないと、人にうまく伝えることはできない。数人のトップリーダーの教育講演を聴いたとき、意外だったのは、ビジネス書でなく、古典文学や哲学書、歴史小説等を多く読んでいることに驚かされた。その道を極めたリーダーは、自分の専門以外の書物や周りの人間から学んで、人間性を陶冶し、幅広い教養を身につけて、人を教えることで更に学びを深めていることが分かった。ミドルリーダーも若い教職員に教える立場にあるので、上から目線でなく同じ目線を印象づけて話すと会話が弾むようになる。教えながら教えてもらう謙虚さも肝要である。

ふ　不易と流行の弁え

学校現場には教育委員会等から各種の通知や指導・指示等が届く。一つの事項が徹底する前に次の指導・指示等が届くこともある。小規模の学校では飽和状態の現場も少なくない。ミドルリーダーは、学校現場に押し寄せてくる指導・指示等を不易と流行に峻別し、その多くの流行に振り回されて、不易の「早寝・早起き・朝ご飯」、「挨拶（おはよう・ありがとう・しつれい・すみません）」「楽しい授業、分かる授業」、「楽しい学校、待ち遠しい行事」等を忘れてはならない。教委の指導・指示等に従うことは言うまでもないが、不易の基盤がしっかり出来ていないと学校は砂上の楼閣と化してしまう。ミドルは不易の基盤こそ決して忘れてはならない。

へ　へこんでも挑戦を忘れない

ミドルリーダー時代の失敗には2種類ある。独りよがりの拙速による失敗、事前準備をして上司の助言を受けた失敗もある。前者は起こるべきして起きた失敗である。後者は再度挑戦が許される失敗である。前者の失敗は猛省すべきである。猛省とは同じ失敗をしないために必ず行うべき反省である。人間は事前準備をしていても失敗すれば、へこんでしまう。失敗は反省し、同じ失敗をしないようにすることである。ミドルはへこんでも挑戦を忘れないことである。なぜなら、成功の反対は失敗ではなく、挑戦しないことだからである。ミドルは未熟であることを自覚する中で学校の教育活動が法規と密接に関係していることを認識することも肝要である。

ほ　ホウレンソウの徹底

ミドルリーダーは任された分掌内のホウレンソウ（報告・連絡・相談）を徹底し、浸透させることである。自らも管理職にホウレンソウをしっかりやることも大切である。ホウレンソウが徹底してくると相互に仕事の動きが可視化され、提出日に遅れそうであれば督促が可能になってくる。ホウレンソウが徹底してくると分掌内の風通しが良くなってくるものである。特に生徒指導、学年のミドルは、児童・生徒の事件・事故に遭遇すれば、ホウレンソウの徹底が問われる。警察署・消防署、教育委員会等への一報が間髪を入れずに出来ないと様々な方面に支障が出てしまう。事件・事故の時にホウレンソウが徹底しないと初期対応に遅れをきたしてしまう。

ま　真っ直ぐな決めた道を進む

ミドルリーダーの道は真っ直ぐな一本道のようであるが、少し進んでいくと分かれ道に辿り着く。そのまま進む道と管理職の道の選択を迫られる。生涯一教諭の道を選ぶことも管理職の道を選ぶことも自由である。任された仕事が順調で管理職や教職員からの信頼を得らる人は、仕事のやり甲斐を感じて管理職の道を選ぶのもいいし、敢えて管理職の道を選ばない生き方もある。一分掌の長から副校長・教頭を経験し、校長になって、学校経営にやり甲斐を見いだし、教諭時代に出来なかった児童・生徒のために学校のために尽力するのも自分で決めることである。いずれにしても決めた道は後戻りできないので力をつけて努力を重ねていくだけである。

み　未熟な自己を背伸びさせない

筆者のミドルリーダーの時代を振り返って見るとまだまだ未熟だったと思う。ミドルとして様々な経験を積みながら、身近に管理職と接して刺激や影響を受けながら、失敗もしながら経験知を蓄え、教員としての力量が増してきたと考える。自分の未熟をわきまえて、書籍を紐解いたり、積極的に研修を受けたり、ミドルとしての知識を少しずつ豊富にしていくことも肝要である。未熟なのに虚勢を張って背伸びしていても必ずぼろが出るし、長続きはしないものである。自分の身の丈にあった無理しない生き方が一番ふさわしい生き方と知るべきである。ミドルの時代は教員ばかりでなく、異業種の人とのコミュニケーションを大切にする心掛けも重要である。

む　胸に秘めた初心を思い出す

ミドルリーダーになると管理職と身近に接したり主任層の仲間との話し合いの場が増えてくる。よりよい教員を目指す原点は、教員としてスタートしたときの初心を忘れないことである。時には初心を思い出し、振り返ることも大切である。原点の初心に返ってミドルとして驕りがないか反省してみることである。ミドルは教諭から首一つ上に出て視界が少し開けてくるが、首一つ出たことで見えなくなったことのあることも忘れてはならない。ミドルになっても胸に秘めた初心の頃の謙虚さ誠実さを思い出して、管理職とも分掌の仲間とも協働していけば、気楽に情報交換も出来るし、人間関係も良好になってくる。ミドルとしての心の余裕がうまれてくる。

め　めげたりぶれたりしない

ミドルリーダーはめげたりぶれたりしないと思っていても必ず失敗する教員が出てきて、上手くいかないこともある。そんなときも冷静を心掛け、部下の失敗を頭ごなしに叱ることは止めた方がよい。生命にかかわることでもない限り、共同責任で自分にも責任の一端があることを自覚すべきである。部下の失敗でも「ピンチは常にチャンス」だと考え、次に同じ失敗をしないためにどうすれば良いのかみんなで検討し、知恵を出し合うことで結束が図れるようになる。出来れば想定出来る事例をマニュアル化して周知徹底し、失敗を共有しておくことも肝要である。ミドルの時代こそ本人・部下の失敗を含めて様々な経験を積んでおくことが重要である。

も　もう少しの工夫が大切

筆者は学校に蔓延している前例踏襲・現状維持と生涯闘ってきた。ミドルリーダーになったら、任された仕事の見直しをして、良い点とそうでない点をはっきりさせて少しずつ改善してゆくことである。その際、独善的にやるのではなく、一人一人の意見を吸い上げて、是々非々で進めることである。教育現場を良くするためには、その場の思いつきの意見ではなく、しっかりとした経験を踏まえた意見を重用していくことが肝要である。仕事を協働で進めていくときもう少しの工夫を要求し、出来たら誉めてから取り上げるようにすると気の利いた教員から更によりよい発想が生まれてくるものだ。もう少しの工夫が職場を前進させる原動力になるので大切にしたい。

や　やるからには創意工夫

ミドルリーダーは任された仕事の一つ一つを児童・生徒のために真に役立っているか見極める眼で見直してみるとよい。注意点はミドルの弱点の法規の知識が不足していることを忘れないことである。学校は目に見えない教育法規と教育活動が密接に結びついているからである。やるからには創意工夫をモットーにして児童・生徒の笑顔を思い浮かべて見ると良い。見直して気がついたらミドル一人でやるのではなく、一人一人の意見を吸い上げて、知恵を絞って改善の取り組みをすることである。ミドルが改善に取り組むとき更に気をつけることがある。それは、気づいた点を副校長・教頭に報告・連絡・相談して管理職と二人三脚で進めていくことである。

ゆ　誘惑に負けない強い意志

ミドルリーダーになると管理職をはじめとして酒席への誘いも増えてくる。筆者は特に酒好きな上司にお仕えしたので、頻繁な誘いを断る訳にもいかず、困った経験がある。全部断る訳にもいかず、全部つきあう訳にもいかず、いい加減の中庸でバランス良くつきあってきた。上司と言っても聖人君子のような人格者ばかりでなく、癖のある独りよがりの人も現実には存在している。上司の強引な誘惑に面食らっていた同僚も少なくなかったが、誘惑に負けない強い意志で駄目なものはダメときっぱり断る勇気も必要である。ずるずる嫌な飲み会につきあっているとその付けは必ず退職後に体調を崩すことで知るときがやってくる。それが人生だと考える。

よ　用意周到な人になる

用意周到な人の不可欠の心掛けは「早寝・早起き・朝ご飯」である。ミドルリーダーの目に見えない大事なことは、早寝、早起きをして朝食をしっかり摂ることである。腹を空かして慌てて1日がスタートするようでは、ミドル失格である。気力・体力を備えたリーダーとして朝の時間を余裕を持ってスタートすることである。余裕を持って事前準備のできる用意周到な人にならないと人の上に立って、人を動かすリーダーにはなれない。余裕を持って全体を見回すこと、個々の仕事の進捗具合もしっかり把握して、遅れた仕事があれば、適切なアドバイスをしてリーダーシップを発揮していけば、ミドルとしてのやり甲斐を感じられるようになってくる。

ら　楽せずよく働きよく遊ぶこと

楽しみは後回しにしないと仕事が遅れがちになる。筆者はミドルリーダーになったときから様々な同年齢のミドルを見てきた。何でも出来てしまうと手を広げすぎて、仕事を上手く収斂できない人もいた。また、器用ではないが、愚直に確実に仕事を仕上げていく人もいた。リーダーとしてどちらがふさわしいか言うまでもない。リーダーの器用貧乏は管理職の信頼を得られない。率先してよく働くミドルであること、よく働いたらよく遊ぶことも必要である。働きづめで遊びのない人間は教師としての魅力に欠ける。一所懸命働いたらそのご褒美として、命の洗濯をする遊びが人間には必要である。心の緊張がほぐれることで新たな発想が生まれてくる。

り　リーダーを目指す心意気

真のミドルリーダーを目指すなら高い目標を実現させる心意気と根気強さが必要である。目標の実現はミドル一人でやり遂げるのではなく、二人より三人、三人より四人と協働して仕上げることが肝要である。各分掌のミドルがそれぞれの仕事の質的向上が図れたら学校全体が着実にレベルアップすることが期待できる。リーダーは日々の課題解決の中でも決断を迫られることもあるが、熟考し、十分検討を加えて、児童・生徒のため、学校のためになると判断したらぶれないことである。途中で不協和音が聞こえてくることもあるが、明らかに間違っていない限り、惑わされないことも重要である。信頼して任せたら待てるミドルリーダーにならなければならない。

る　ルーキー（新人）を育てる

大量退職の時代になって新人がどの現場にも配属されるようになった。ルーキーの時代に先輩からどんな指導を受けたかでその後の教職人生が左右される。ミドルリーダーとして新人を一人前に育てることは先輩に育ててもらった恩返しである。ミドルには先輩の教えのバトンタッチの役割がある。筆者の新人時代に先輩教員からの指導で繰り返しすり込まれたのが「事前準備」だった。今でも仕事の締切日を逆算して、提出日をきちんと守れるのは、その指導のお陰である。会議の時間を守る。会議資料は直前ではなく、事前に配付することを厳しく指導された。ミドルも教職生活を貫く役立つ教えをしっかり教える立場にあることを認識すべきである。

れ　礼儀は人を美しく見せる

人の出会いは礼に始まり礼に終わる。礼儀正しい人に会うと気持ちが晴れやかになる。ミドルリーダーはチームの責任者として礼儀を重んずるべきである。上司に廊下ですれ違うとき一瞬立ち止まり上半身を15度傾けて会釈したら、きっと美しく見える。『人は見た目が9割』という本がある。第一印象の善し悪しがその後のコミュニケーションに影響を及ぼす。礼儀正しく好印象を与えることをミドルが率先すれば、少しずつ全体にも広がっていく。任された分掌の集団を礼儀正しい集団にするか、今まで通りの集団にするかは、ミドルの礼儀を重んじる姿勢に掛かっている。礼儀は人を美しく見せるのだから率先して実践して見る価値がある。

ろ　労苦は歓喜への一里塚

労苦は苦労と同義である。担任は学級という限られた集団の経営者である。ミドルリーダーは学校経営の一翼を担う管理職の意を体して学校全体を視野に入れて仕事を進めていく役割がある。両者の苦労は若干質が異なる。ミドルは学校のビジョンを実現するための役割を自覚することと分掌をまとめる行動力・責任感、コミュニケーション能力が問われる。児童・生徒を中心にした対象から管理職や教職員、ＰＴＡや地域住民も含めた人たちと折り合いをつけたり、説得したりする苦労が待ち受けている。苦労を乗り越えた先にしか達成した喜びを感じることは出来ない。ミドルになって、やり遂げた労苦は歓喜の一里塚だと強く実感出来るものである。

わ　分からないことは聴け

ミドルリーダーは、学校経営のサポート役の誇りを持つことである。新たな取り組みをする中で分からないことも出てくる。分からないことをそのままにしたらミドル失格である。分からないことは副校長・教頭に教えてもらうことである。一度教えてもらったらしっかり聴いて忘れないことである。本や新聞、教育書を読んで自己研鑽を積む姿勢も大切である。教えてもらうだけでなく、人に聞かなくても済むように知識教養を蓄える努力が求められる。学ぶ時間をどう捻出するかが大切である。仕事の責任が増し、時間も限られた中で如何に捻出するかの課題もあるが、常に手抜きをしないで、常に努力を怠らず学び続けていけば前途に道が開かれてくる。

おわりに

ミドルリーダーは忙しくても段取りよく授業も校務分掌も無難にこなすこと、校長、副校長、教頭から信頼され、教職員から支持される職場の中堅として仕事にやり甲斐を持つことである。ミドルの日常の心得として大切なことは、校長が期待する任された分掌を活性化し、機能させて見える成果を着実に上げることである。

もう一つ大切なことは、次代のリーダーとなるために日々の副校長、教頭への報告・連絡・相談をこまめに行うことである。そのホウ・レン・ソウをとおして、教えられたアドバイスを組織の活性化に生かして確かな手応えを会得していくことである。

ミドルは常に何事にも一所懸命に取り組むことが重要である。なぜなら、一所懸命取り組んでも上手くいかず挫折してしまうこともある。管理職のアドバイスを踏まえた取り組みをしても失敗することもある。ミドルは挫折や失敗に懲りないことである。筆者は現在も新たな改革に取り組んでいるが、やると決めたからには、目標達成まで「めげない、ぶれない、諦めない」をモットーに尽力している。ミドルリーダーの中には、副校長、教頭、校長を目指さない人もいる。様々な人がいて当然であるが、副校長、教頭、校長を目指す人は、勝ち虫の精神で前進あるのみで後ろを振り向かないことである。人間は誰もが長所・短所がある。得意・不得意もある。

ミドルが次の階段を上るためには、自分の短所、不得意を忘れないことである。言うまでもなく、人生は一回限り、教職人生も一回限りである。与えられた一回のチャンスを悔いを残さず、日々経験値を蓄えていく心がけが重要である。人生は挑戦の連続である。成功の反対は失敗ではなく挑戦しないことである。児童・生徒、学校のために挑戦を続けて道を切り開いて行って欲しい。

学級づくりを楽しもう！

担任編

はじめに

「担任あいうえお」は、本誌に掲載した「校長」、「副校長・教頭」、「ミドルリーダー」、に続く「あいうえお」シリーズである。

教職生活の中で児童生徒と触れ合う手応え、醍醐味を一番感じるのは担任である。かつて、筆者は学事出版の『月刊ホームルーム』を10数年間定期購読していた。担任として学級経営が上手くできない時や息詰まった時、参考にしてきた。自分なりの力を付けることに役立った優れた企画の月刊誌だった。

担任は各学年の歯車の一つに過ぎないが、小学校では6つ、中学校・高校では3つのそれぞれの学年の重要な役割を担う歯車の一つである。学校の規模は、大・中・小と様々あるが、各学年の一つ一つの歯車が上手くかみ合わないと学年経営・学校経営に支障が出てしまう。

担任は最小集団の学級指導、学習指導をはじめとして、諸活動を所属の学年と他の学級と足並みを揃えて協調性を保って行かなければならない。

筆者が担任をしていた時代は、やんちゃな児童生徒が多数いた。しかし、ガラスのような精神的に脆弱さの目立つ子供は、少なかった。かつての児童生徒の多くは、四季折々の自然の移り変わりの中で日が暮れるまで遊び、学校でも先生と一緒に遊ぶゆとりがあった。最近の児童生徒は遊びの時間が塾に変わり、保護者も遠慮なくクレームを言ってくる。

担任は仕事を楽しみながら取り組めないと苦しい。苦しくならないための真の担任力が求められている。担任の年齢は二十代から五十代までと幅広いが、もう一度担任とは何が大切か、何が基本なのかといった点についてささやかな経験の一端を記して参考にしていただければ幸甚である。

あ　挨拶に始まり挨拶に終わる

学校の一日の始まりは担任の元気な挨拶から始まる。

足取りの重い児童生徒、うつむき加減の児童生徒、笑顔で近づいてくる児童生徒等にも気持ちを込めた元気な笑顔の挨拶ができなくてはいけない。担任の心に余裕がないと心を込めた清々しい挨拶が出てこない。挨拶は以心伝心で相手に届くものである。足取りが重い、うつむき加減の児童生徒にも、元気の素となる特効薬の朝の気持ちよい挨拶の輪が広がれば、自ずと全校に幾重にも挨拶の心地よい響きが伝わって、学校の楽しい一日のスタートが切れる。挨拶は心と心をつなぐキャッチボールである。

担任は挨拶に始まり挨拶に終わる挨拶の種を一人ひとりに蒔き、芽が出るまで毎日の努力を続けることである。

い　一度目の出会いを大切に

教育界はその時々の潮流で現場の空気が一変してしまう。担任は、定年まで様々な空気を感じながら生涯を教育にかける人が少なくない。学校は大規模から小規模まで、都会から田舎まで様々である。

担任は縁あって勤務する学校の児童生徒のために尽力することである。担任は地域のどんな学校でも「置かれた場所で咲く」覚悟を決めて出会った教職員と仲良く勤務することである。一度目に不仲になって転勤し、再度出会うという皮肉な巡り合わせの担任の例も見てきた。地域は広いようでもとても狭いと感じてしまう。

教職員、児童生徒と最初の出会いを大切にすることは、その後、再会しても笑顔で始まる良好な関係からスタートできるメリットがある。

う　うそをつかない

うそをつかないことを指導する担任が児童生徒にうそをついたら教師失格である。しかし、うそが許される場合がある。長い髪を切った生徒に感想を聞かれたとき、似合わない髪型であっても「すっきりした髪型で可愛いいね」という方便のうそは、人間関係の潤滑油になる。

生徒から訊かれたら間髪を入れずに差し障りのない大人の返答で応じることが大切な担任力である。うそをつかない指導を繰り返していても、児童生徒はうそをつくものである。

子どもの表情や一挙手一投足から何となく怪しいなと思ったら、追い詰めないで、同じ目線で話し合い、辻褄の合わない点を指摘して、うそを見破れる担任としての洞察力を身につけなくてはいけない。

え　笑顔が幸せを運んでくる

担任は常に笑顔を絶やさないことが大切である。悩みや苦しみを抱えていれば、笑顔になれない。笑顔は磁石で周りを引きつけて笑顔の輪を広げることができる。逆に苦虫を噛みつぶした顔をしていれば、まわりの児童生徒も近づきにくくなってしまう。笑顔が幸せを呼び込んでくれるのである。

児童生徒に何かをしてもらったら、すぐに笑顔のありがとうを目を見て、しっかり伝えることである。感謝のありがとうを担任の専売特許にして、いつでも、どこでも、誰に対しても感謝のありがとうが言えなくてはいけない。笑顔が感謝を運んでくるのだ。

笑顔の感謝を担任として心掛け、児童生徒の笑顔が相互の幸せを実感できるようにしたいものである。

お　同じ目線で指導する

学級にはやんちゃな児童生徒が必ずいる。いないに越したことはないが、いればうまく味方につけて、学級をまとめ上げる力が担任力である。

やんちゃにも様々いるが、まずはやんちゃの人となりを見極めて、急所の弱点を見つけることである。急所をつかんで、トラブルがあれば、同じ目線で真剣に向き合い、是々非々で叱るべきは叱ることである。

上から目線は厳禁である。よく話を聴き、学級の対立、葛藤、けんか等のトラブルの火種を見つけ、ともに解決を目指すことである。対立、葛藤、けんか等を乗り越えられれば、学級がまとまる。各行事で好成績を残し、年度末にこの学級でよかった、この担任でよかったと思ってもらえるようにすべきである。

か　感謝で始まり感謝で終わる

学級経営に悩みを抱えながら取り組んできた。当たり外れの学級もあったが、外れ学級こそ真剣に取り組めば内在する結束力の強さに気づかされた。

まとまりのない外れ学級は、リーダー、サブリーダーが不在である。学級をよく見て、バランスのとれたリーダーを育てることである。一人一役で仕事を任せれば、短期間で見つけ出すことができる。任せて、褒めて、自信をつけてやれば、自ずから自己肯定感が育ってきて本物になる。次にありがとうの感謝の気持ちがすぐに口に出せる環境にするため担任が率先して、ありがとうを連発することである。以心伝心で児童生徒にも必ず伝わるものである。

幸せは感謝の中にしか存在しないと気づかせるのも担任の役割である。

き　基礎基本が全ての基盤

筆者は小3・小4の担任がスタートだった。小2の九九をマスターしている児童とそうでない児童の差は歴然だった。九九のマスターがその後の理科・数学等の好き嫌い、得意不得意の分岐点だと分かった。

学習が分からない、面白くない児童生徒がその後の服装・頭髪違反を繰り返し、学校の荒れを助長しているのに気づけば、学習の基礎基本がいかに大切かが分かる。

生活面でも時間を守る、ルールを守る、約束を守るという集団生活の基礎基本が大切であることは言うまでもない。学習と生活の基盤が揺らいだまま教育活動を推進していては問題である。担任は学習と生活の大切な基盤を日々の学校生活で盤石にすることに専念することも担任の重要な仕事である。

く　苦あれば必ず楽が来る

30人学級の担任は、30人と毎日綱引きを続けなければならない。学級経営が思い通りにいかないとき、誰もが手を離してしまえば楽になると考える。踏ん張りのきかない教員の中には何人もが、喫茶店を開くといって本当に退職していった人もいた。

担任は苦しいときこそ先輩や同僚に尋ねたり、自分なりの知恵を絞って工夫してみることである。仕事が上手くいかないとき、他人のせいにしたり、言い訳をしたり、自分の力不足を棚に上げて納得してしまう人もいる。上手くいかないときこそ落ち着いてよく考えながら丁寧に仕上げる努力をしてみることである。

上手くいけばその成功体験を自己肯定感につなげることができる。苦あれば必ず楽が来ることも実感できる。

け　けんかは負けるが勝ち

学校は統合等で年々規模が縮小している。かつては小・中学校、高校の新設校が次々開校する時代もあった。右肩上がりで児童生徒が増えた時代は、沢山の個性的な教職員がいて、日常の対立、けんかの場面を何度も見てきた。

学級経営はイライラや怒りをセーブできないと担任失格である。切れやすく怒りを抑えられなくては、体罰につながってしまう。けんかやトラブルの原因となる怒りをセーブする必要がある。怒りが抑えられないのはアドレナリンが分泌されるからと言われる。

6秒間で体内を巡るので6秒間の我慢が重要である。けんかは負けるが勝ちと先輩から何度も教えられたが、怒りを抑える6秒間の黄金の時間を励行できる力が担任には大切である。

こ　言葉には言霊がこもる

言霊は、古代から発した言葉の内容通りのことが実現されると信じられてきた。学級で毎日伝える言葉が児童生徒の表情、真剣な眼差しを確認しないまま、ただ読み上げるならば、放送で一斉に流せば事足りる。担任が各学級の一人一人の健康観察、頭髪・服装の変化にも気を配り、魂と言わないまでも心に届く、熱い思いを伝えたいものである。

真剣な物言いは以心伝心で児童生徒にも必ず伝わり、担任が願う充実した行事での成功を実現できることにつながると考える。担任は言葉で勝負することを日頃から心に銘記しなければならない。

毎日の新聞を読み、読書を心掛け、言葉のセンスを磨き、生活と学びの基盤となる言葉の力を会得させる担任を目指したい。

さ　些事に煩わされない

挨拶や返事の声が小さい。宿題をやってこない。掃除をさぼる。これらを一つ一つ気にしていたら、担任はパンクしてしまう。できない、やってこない、さぼることを児童生徒のせいにしていては担任失格である。優先順位をつけて、朝の挨拶が大きな声でできる取り組みから始めるべきである。

上手くいかずに失敗することもあるが、そこで負けたら挫折してしまう。辛い時こそ闘う担任として、先輩・同僚にも相談し、知恵を絞ることである。挨拶も大きな声で、できたらしっかり褒めて、できたことを自信につなげてやることである。

一つ達成できれば二つ目もできると信じて、実践し信頼関係を積み上げていくことが児童生徒の成長、信頼関係の構築になる。

し　シンプルイズベスト

落ち着いた学級、騒がしい学級、朝の会、帰りの会の短い学級、長い学級等様々である。どの学校にも落ち着きのある雰囲気のよい学級経営をする担任がいる。

筆者もその担任から学んだことだが、落ち着いた学級、朝と帰りの会の短い学級は、一日の学級活動にリズムがある。担任の話も、「今日は三つ話します」と、始めに児童生徒の聴く姿勢を作ってシンプルにテンポよく伝える大切さを教えられた。

授業でも説明する時間、考えさせる時間、板書をノートする時間をきちんと区切って、授業のメリハリをつける工夫をしていた。できる児童生徒には終了したら、次のやるべき課題を伝えておくことも授業の緊張感・充実感につながることを教えられた。

す　好きな趣味のある生活

教育を質的に向上させることに役立つのが「好きな趣味」を持つことだと考える。無趣味の人もいるが、好きな趣味を持って生き生きとしている担任の方が児童生徒から好感を持って迎えられる。

ストレスを抱えることの少なくない担任は、趣味に没頭したり、打ち込む中で、発想を転換したり、指導を客観的に見直すこともできる。逆なでされた感情をクールダウンして、ストレスの解消もできる。

教育活動が順調に推移しているときは、問題ないが、頓挫するとその膠着状態から抜け出せなくなり趣味を忘れてしまうことがある。困ったときは、一人で抱えないで上司や同僚、管理職に相談することと好きな趣味のある生活を取り戻すことである。

せ　清掃の手順を教える

担任として整理整頓された教室環境を1年間維持することは大変である。学習で全員が百点を取ることは不可能だが、全員清掃で百点を目指すことはできる。

清掃の徹底は、第一に、手取り足取り、用具の使い方、掃除の段取りを具体的に教えて、褒めてやることである。第二に大人数でやるより少数でやる方が効率的である。第三に一人一人と授業、部活、家族、友達、将来の夢等について話し合うことができ、1ヵ月交替で実施することで、そのことをメモしておけば計り知れない情報の蓄積になった。

清掃はやっても褒められない、さぼっても叱られないことをなくすために工夫を繰り返して、1ヵ月やったら1ヵ月休みにして実施する方法に辿り着いた。

そ　組織力はまさかのときに試される

学校は何もない平穏無事な日々が過ごせたらいいなと担任の誰もが思っている。しかし、学級は些細なトラブルや保護者のクレーム等の不安材料を抱えている。中身にもよるが、一人で抱えるのは危険である。

学年会等で何でも話せる風通しのよい環境を作る前提は、主任層に各担任の悩みや心配事を真摯に耳を傾けて聴いてもらうことである。トラブルへ発展する懸念があれば、管理職への報告・連絡・相談のいわゆるホウレンソウをしっかり行うことが肝要である。

全て管理職にあげなくてもよいと考えるが、よく見極めて、トラブルや事件・事故には組織をあげて取り組める日頃の取り組みが大切である。その組織力がまさかのときに試されるのである。

た　闘う担任になろう

初めて担任を持ったときは誰もが不安と期待で揺れ動いていたと思う。少しずつ経験を積み、児童生徒の指導の勘所がわかってくるとこんな児童生徒を育てたいと自信がついて欲張りになってくる。欲張りにならないと闘う担任にはなれない。

闘うためにはP・D・C・Aが必要である。どんな計画・どんな実践・どんな評価・どんな行動をするのか見通しが必要である。闘って成功するためには、アンテナを高く、井の中の蛙にならずに、経験をひけらかさないで常に謙虚に誠実に知らないことがまだ沢山あることを弁えることである。

知るための興味・関心を持って、心を耕すことで細く長く生涯担任として闘う力をしっかり蓄え、有効活用することが重要である。

ち　力の出し惜しみをしない

力を蓄えておかないと出せない。この力は児童生徒を最後まで学級目標に近づける努力である。新入生なら尚更のこと、初めて会う前に名前を覚えておくこと、入学式で身も引き締まる呼名、呼び終えて感動したこと、保護者と初めて対面したときの緊張感と責任を感じたこと等を年度末まで忘れないことである。

継続は力なりというが力を出し惜しみせずに細く長く年度末まで、めげない、ぶれない、諦めないで困難や事件、事故があっても一つずつ丁寧に仕上げていくことである。

一人でできないときこそ仲間の力を借りることである。困った人がいれば助けてあげる、常に相互扶助の精神を心掛けていれば、困ったときに必ず力を貸してもらえるものである。

つ　伝えることは簡潔にする

担任が児童生徒にきちんとわかりやすく伝えることは極めて重要である。いつも伝えることがはっきりせずに、長い話になると、聴く意欲がそがれて児童生徒に上手く伝わらないために落ち着かない学級になってしまう。

担任は聴く側の表情を見て、伝わっているかどうかが判断できる。簡潔にはっきりと心に届けることを心掛けるべきである。筆者は伝えることを事前に、いくつあるか伝えてから話すことを心掛けてきた。

三つと聴けば大概の児童生徒は一つ目、二つ目、三つ目は何かと聞き耳を立てて聴くようになる。話す方が簡にして要を得た話をすることで集中力・聴く力も付いてくる。担任の心掛け次第で児童生徒の聴く姿勢も日々育成できると考える。

て　天変地異はやってくる

学校は天変地異に備えて毎年避難訓練を実施している。特に地震は「阪神淡路大震災」と「東日本大震災」の多くの教訓がある。前者は6千人、後者は1万5千人の尊い命が失われた。地震はいつどこで起こるか予測できない。

地震の他に台風も必ずやってくる。筆者の地域では観測史上最強の「令和元年房総半島台風」、その1カ月後記録的な大雨をもたらした「令和元年東日本台風」が上陸した。甚大な被害、1週間の臨時休校も経験した。

天変地異に備えた避難訓練は命を守る訓練である。地震は台風と異なり、想定できないので、お座なりの訓練は厳禁である。

満点を取らなければ零点となる真剣な厳しい避難訓練の指導を行うようにしなければならない。

と　友を持つ心の安らぎ

若い時は経験不足でわからないことや困ったことを相談できる同僚や先輩が必要不可欠である。大学を卒業し、ストレートで教員になった人は、30歳までに教員としての教科指導、学級経営、部活指導等の基盤づくりを盤石にすることが重要である。

若さと馬力でエネルギッシュに活動できるのは30歳の半ばまでである。若い力を補うのは、教員としての経験知である。年々児童生徒の指導が難しくなる中で、非協力的な保護者もいて、教員としての指導力・忍耐力を向上させて行かなければならない。

友と呼べる仲間と定期的に飲食をともにして、教育論議をすることで、刺激を受けたり、安心したり、もっと努力をしなければと反省させられる中で心の安らぎを覚えるものである。

な　泣きたい時は泣けばよい

担任としてよりよい学級づくりを目指せば目指すほどハードルが高くなり、超えることが難しくなる。まずは背伸びせずに身の丈に合ったハードルを設定することである。

人間は感情の動物なので時と場を弁えて泣きたい時には泣くのがよいと心から思う。ただし、大事なことは、泣く原因が自分にあるのか、他人にあるのか峻別する必要がある。他人より自分の段取りや見通しが悪いために失敗したとすれば、猛省し、二度と同じ失敗をしない事前準備を万全にすることである。

明らかに他人の意地悪やいじめであれば、上司に相談することである。他人に非があっても我慢しているとうつ病を発症することになってしまう。

に　二度とない人生に悔いを残さない

教師になることが夢だった。小学校の5年6年の担任の広川先生から国語の一単元が終わると読みのおさらい、言葉の意味、漢字、語彙等の簡単な口頭質問があった。合格すると単元の頭に押印してもらった。2年間予習をし、授業を真剣に聴き、単元終了後もう一度復習をする繰り返しの中で、国語が好きになり国語の教員になった。

大学の仲間から教師だけは辞めておけと何度言われた。二度とない人生、自分で決断したから悔いがない。自分なりに一所懸命やってきたが、常にどの職場でも必ずいい人と出会ってきた。幸せな教職人生は感謝の中にしかないのを実感している。

担任は年々しっかり根を地中深く張り巡らすことで安定した立ち位置が築けるのである。

ぬ 抜きつ抜かれつの教職人生

教職人生もライバルが必要である。ライバルがいるから、互いに指導技術を磨き、学級経営も工夫をこらし、辛い時、苦しい時も歯を食いしばって頑張れるのである。担任は児童生徒に寄り添い、一人一人の長所・短所を弁えた指導力を発揮することである。常に背伸びしていると疲れてしまうが、周りのライバルを見ると明らかに抜かれて、追い越されてしまうこともある。しかし、焦ってアクセルを踏み込むと、オーバーヒートを起こしたり、事故を起こしかねない。抜かれたら、冷静になることである。

遅れを取り戻すために何から始めたらよいのか智恵を出すことである。担任は抜きつ抜かれつの繰り返しの中で、教職人生を愉しむことである。

ね 熱意が人を動かす

教員試験に合格できた時、純粋な児童生徒に寄り添い、ともに考え、学習がわかるようにしてあげたい熱意を持っていたと思う。この原点が肝要である。人間は思い通り行かないと自分が悪いのに他人のせいにしがちである。

筆者には忘れられない事例がある。約束を守らない頭髪違反の女子生徒に対し、生徒指導部長は誠実に何度も約束させ繰り返し指導した。限界を感じたのかよくないことだが髪の毛を掴んで指導した。担任は辞めさせる指導をしていた。最終的に退学した生徒は、部長には涙をこぼして約束を守れなかったことを詫びた。

担任には「世話になったたな」とビンタして唾をかけて帰った。教師の熱意が生徒の言動に雲泥の差をもたらした一例である。

の　乗り物を降りて歩く

都会と地方の教員では、乗り物の意識が異なる。乗り物を降りて、時には児童生徒の通学路の状況を体感することも大切である。危険な場所のチェックや四季折々の自然の移り変わりがわかる。川や海や山のある様々な交通事情の中で事故なく安心安全に通学させることが学校に求められている。

児童生徒の通学路を歩いて見ると様々な発見がある。四季折々の草花や木々の芽が出て膨らんで花が咲いて、実がなって、その実でこまを作ったりする自然体験もできる。車を降りて歩けば、児童生徒にとって車が走る凶器であることを認識できる。

行き詰まった時、前例踏襲、現状維持を止め、発想を転換するために乗り物を降りて歩くことを推奨したい。

は　「はい」の返事を徹底する

筆者の体育の恩師は授業の始めに毎時間必ず呼名をした。呼名の声が小さいと必ず指導された。自分の名前を呼ばれたら元気よく力強く大きな声で「はい」と皆ができるようになった。たかが返事であるが、その「はい」がきちんとできると最終学年で面接指導がスムーズに指導できるようになる。

知り合いの人事担当から聞いた話だが、最初の「はい」の返事と第一印象でマルバツをつけてほぼ間違いがないという。

「はい」というたった2文字の発音に児童生徒の「元気、やる気」が集約されているからである。面接官は「はい」の出来具合から各学校の事前指導がどの程度徹底しているかが伝わってくるという。「はい」は日頃から徹底することが肝心である。

ひ　一人では生きられない

担任は一人でやりきれない。しかし、教職員集団に入ると、一人で孤立しても干渉されずにやっていけると過信してしまう人もいる。学校現場はどの職場にもうつ病を発症している人、そのリハビリをやっている人も増えてきた。

若手から中堅、ベテランの担任もいる。児童生徒の指導だけでなく、両親の介護、家庭のもめごと等、口に出せない悩み事を抱えている担任も増えている。

学校現場は、うつ病等で病休者が出ると、規模にもよるが、学校全体の歯車がかみ合わなくなってしまう。

担任は困っている児童生徒がいれば、必ず手助けする。悩みがあっても臆病にならず、気楽に相談できる、相談してもらえる相互扶助の風通しのよい学校づくりをめざしたい。

ふ　振り返る時間を確保する

振り返る時間を確保するためには、余裕が必要である。

優秀なできる担任の共通点は、常に事前準備が万全で隙がないことである。どんなに忙しくても忙しいそぶりを見せないことである。なんで余裕を生み出すのか尋ねたことがある。学校には年間も月も週も行事予定がある。今月の行事、週の行事の事前準備をどんな計画で消化するか、常に見通しが大切だと教えてもらった。計画を立てても予期せぬ事故が起こることもある。まず週の次に月の行事の優先順位を付けて、いつまでに仕上げたらよいのか。

毎日振り返る時間を設定してシミュレーションを行うことだと気づかされた。担任は、児童生徒の信頼を得るための見通しと心の余裕が大切である。

へ　平穏無事な一日

水鳥が流れに逆らっても同じ位置に居続けられるのは、水かきをこまめに動かしているからである。担任は平穏な一日を送るためには、水鳥と同様に日頃から見えない努力を重ねることが大切である。

この努力を怠ると学級は必ずと言っていいほど、綻びが露呈してくる。転ばぬ先の杖のように児童生徒の小さな言動の変化を見逃さないことである。

学級の綻びは、担任が見ていても見ないふりをするから増大するのである。筆者は「見逃す、見過ごす、見落とす」の「見」で始まり「す」で終わる、三つのミスをしないことが学級経営の要諦と考える。平穏無事な一日を積み重ねることで、児童生徒の生きる力生き抜く力の基盤が作られるのである。

ほ　保護者対応

若い担任は、経験の少ないことから来る未熟なことを十分認識して、保護者対応を心掛けることである。誠実に児童生徒に寄り添い、失敗して保護者からクレームがあったら学年主任、管理職に必ず相談することである。決して一人で抱えないことである。

中堅、ベテランも長い間担任を務めていると、甘い見通しと慣れもあって、時には油断してしまうこともある。初めて担任になった時のことを時々思い出すことが大切である。若さと馬力に変わる冷静さと経験知で人を見て法を説くことのできる臨機応変な保護者対応を心掛けることである。

若い保護者を見くびらない誠実で丁寧な対応を心掛けていけば、担任の力量アップに必ずつながっていくのである。

ま　真面目を生涯貫く心

学校の教育活動では真面目に取り組んでいても失敗して他の教員に迷惑をかけてしまうこともある。児童生徒への指導を失敗すれば保護者からクレームがある。クレームや上手くいかないことが重なると自信を失い、失敗を重ねてしまうことがある。

教育現場の失敗には二種類ある。真面目に取り組んだ失敗とそうでない失敗がある。校内での真面目な失敗なら支援の手が伸びてくる。保護者も真面目に取り組んだ失敗なら理解が得られ、許してもらえる。しかし、謙虚に失敗を反省しない教員は許してもらえない。

失敗に懲りて二度と同じ失敗をしない事前準備をする真面目を生涯貫く心が経験知を高め、信頼を得ることに必ずつながる。

み　道の選択は責任と見通しが必要

児童生徒の夢や希望を踏まえた指導が一人一人の進むべき道の選択につながる。夢や希望を叶えるための話し合いや面接をとおして、自分なりの目標を立てさせたり、どの教科に力を入れたらいいのか見通しを持った学校生活を送らせることもキャリア教育である。しっかりとした目標を立てて日々送ることとそうでないことでは雲泥の差となる。

先輩から教師を目指す人づくりをするように言われてきた。担任として一所懸命児童生徒のために尽力する後ろ姿を見せれば必ず、教師の卵が生まれてくると信じる。担任として努力していると管理職の道、生涯教諭の道の選択を迫られる。

どちらの道を選択するかも自分で悔いのない選択をすることだと考える。

む　夢中になれる仕事にする

筆者が教師を目指していた時は右肩上がりの高度経済成長の時代で、民間が活況を呈していた。教師になりたいと言うと周りの人は誰もが教員を勧めなかった。しかし、子どもが好きで、立派な恩師に出会ったことがぶれないまま教師の道を選ばせてくれた。

教師は誰もが教職を誇りに思っている。原点に教師の誇りがあるから、夢中になれるのである。工夫しながら一所懸命取り組んでいるとやり甲斐を覚え、周りの一所懸命に取り組んでいる人と仲間になれた。

どの仲間も得意があり、仕事を前向きに夢中になって取り組んでいた。特に授業を愉しみながら教える。児童生徒が授業を愉しんでいる理想の授業を担任は目指さなければならない。

め　眼を見開き整理整頓

早く出勤し、職員室の窓の開放、教室の整理整頓の確認をする担任はどの職場にもいる。印刷室や教材室が乱れていれば、進んで片付ける。筆者が出会った担任の中にも学校の誰の仕事かわからない仕事を他から言われるまでもなく、真っ先に取り組むため一目置かれる教員がいた。

常に眼を見開き校内を隈無く見通すことのできる大局観の持ち主だった。職場の同僚からも管理職からも信頼されている教員のいる職場は経営が安定している。

この走攻守に優れた担任が何か提案すると反対意見が出ない。各担任は優れた教員の後ろ姿を見ながら、少しずつ各学年の教室環境が整ってきて、それが児童生徒の安心安全な学校生活によい影響を与えるようになる。

も　もうやめたはいつでも言える

担任は自分が考えたように学級経営が上手くいかないとき、口に出さなくても「もうやめたい」と思うことは誰もが経験している。そこで踏みとどまれるか否かが分岐点である。

筆者はそう思っても絶対口に出さないことに決めてきた。上手くいかないピンチのときこそ知恵を出す絶好のチャンスだと自分に言い聞かせてきたからである。

もうやめたいと周りに広言し、実際に教職を辞して、喫茶店を始めた人が身近に何人もいるが、成功した人は一人もいない。置かれた場所で踏ん張り、仲間に助けてもらい、知恵を出して努力を重ねて、乗り越える経験こそが、教師として児童生徒の学習を含めた生き方、生き抜く力を指導することができるのである。

や　やる気を出させる工夫

筆者が担任をしていて気づいたことの一つに学級「3分の1論」がある。上位の「3分の1」は、放っておいても責任ある行動ができる。中位の「3分の1」は、十分言い含めればきちんとできる。下位の「3分の1」は、約束させても集団を乱す行動をする。

担任のやる気と熱意で学級集団の共通行動ができるようにすれば、学級は落ち着いた集団になる。しかし、下位のやんちゃ集団を是々非々で叱ってきちんと指導することが学級のまとまりとやる気を出させる経営になると考える。

担任はややもするとやんちゃな児童生徒に振り回されて普通の子どもたちへの感謝を忘れてしまいがちである。担任はきちんとしている児童生徒を常に味方に付けておくことが最も重要である。

ゆ　勇断を下せる力を蓄える

児童生徒の落ち着きがなく生徒指導に力を入れないと学習指導が軌道に乗らない学校もある。一方児童生徒が落ち着いていて直ぐに授業に入れる問題のない学級もある。

筆者は児童生徒をレールに乗せるのが生徒指導、日々後押しするのが学習指導、夢や目標に向けて背中を押すのが進路指導だと考える。生徒指導・学習指導・進路指導は三位一体のもので、担任は偏りのない指導ができることが肝要である。

担任は児童生徒の実態を踏まえて、教育委員会等からの通知や指示を真摯に受け止め、教育活動を見直し、是々非々で改善のくさびをタイムリーに打ち込むバランスのよい適切な勇断を下せる力を蓄える必要がある。

よ　余計なものを取り除く

担任は勤務校の生活様式や学校文化が当たり前で、他のどの学校も一様に同じ様式・文化だと思いがちである。

生まれた地域の学校に勤務して、その地域内の学校を転勤していると他地域のことを理解する機会がない。筆者は千葉県の内房沿いの学校に勤務し、初めて外房沿いの学校に勤務して、余りにも学校文化の違いに驚かされたことが少なくない。

コロナ禍で宴席も少なくなったが、生徒指導等の会合があれば必ず飲み会がある。その他に地域の飲み会では、少し前までトップが割り箸を割るまでは誰も割らないと聴いた。学校には宴席以外にも前例踏襲・現状維持がまだまだはびこっている。担任は刮目して悪しき様式・文化を改善する努力が求められる。

ら　楽な生き方より挑戦する生き方

担任をしていると毎年学年の児童生徒の実態に若干の違いがある。比較的手が掛からず課題も楽に解決できる年もある。この比較的スムーズに楽な学級経営ができるときに油断せずに預貯金を貯めるように力を貯えておくことである。

時間にゆとりのあるときこそ一人一人と向き合い、家庭、進路、友達、趣味等を聞き出しまとめて分析するとよい。学級のハードルを一段階上げて、目標を実現するために次の挑戦に進むことである。学級は数人のリーダーだけを伸ばすのではなく、常に学級全体のステップアップを図ることが担任の力量アップにつながる。

担任のやり甲斐は、学級を次の目標に向けて挑戦させること。成功体験をさせる教師を目指したいものである。

り　凛とした教職人生を目指す

担任は一所懸命に児童生徒、学校、家族等のことをバランスよく考え続けることである。

管理職、教職員、児童生徒、保護者等からも信頼され、立派な教育実践を続けて一目置かれる存在の理想的な教員が必ず存在する。身近にそういう教員がいなければ、自分が理想の教員を目指せばよい。

児童生徒は身だしなみのよい誠実な授業に一所懸命取り組む担任に毎日出会っていれば、きっと担任が好きになり、担任も児童生徒が好きになるものだ。相互に好きになることが理想的な教職生活につながっていく。

毎年児童生徒から、この担任に出会ってよかったと思ってもらえる凛とした教職人生を目指す教員になりたいものである。

る　流説に惑わされない

流説は根拠のない噂である。集団生活には根拠のない噂が流布されていじめに発展したり、人間関係に暗い影を落とすこともある。

昨今はインターネット上に他人の誹謗中傷が掲載されることもある。担任がネット上の書き込みや流説にどのように対応するかが学級経営の分岐点になる。とことん突き詰めていくと根も葉もないただの噂や中傷だと気づかされることがある。

しかし、書き込みや噂を流され、中傷された生徒のことを考えると担任の初期対応が重要になってくる。深刻化させないためにも傾聴と面談をとおして、迅速な誠実な対応を心掛けて取り組むことである。

問題によっては組織対応も必要である。担任一人で抱え込まないことが肝要である。

れ　礼儀知らずにも礼を尽くす

残念ながら時々礼儀知らずの非常識な児童生徒に出会うことがある。

かつて、朝の挨拶を返さない悪童から、おはようにに対し、決まり切ったおはようが返ってくるのだから意味がないと言われ「はっ」とした。理屈ではなく、目と目を合わせて、心を込めた挨拶を交わすことで清々しい気持ちになれる素晴らしさを教えてあげたいと思った。

頭ごなしに教えるのではなく、昇降口前の朝の挨拶の飛び交う清新な雰囲気を味わえるように心掛けていたら、１カ月後、凍り付いた心が溶け始めたのか、悪童の表情が緩み、小声ながら挨拶が聞こえるようになってきた。

他人の気持ちを変えることは至難だが、担任が自分を変えることは容易だと悪童から教えられた。

ろ　老若男女のいる学校

学校は熟練のベテランと経験は少なくても馬力のある若手をつなぐクッション役の中堅層がいる。細かなこともよく気づく女性と包容力のある男性に囲まれて男女の児童生徒が存在するのが学校である。

考えてみれば老若男女が琴瑟相和して不協和音を外に漏らさず、日々平穏無事に過ごせることは、幸運なことだと心から思う。最小の集団にも目に見えない葛藤や対立がある。学校にも小さなトラブルや不協和音があって当然である。担任は何もない日は安堵の胸をなで下ろしたり、油断すれば何か事件や事故が起こるかもしれない心配を抱えている。

児童生徒の一挙手一投足にも注目して、見逃さない、見過ごさない目を持って、学級経営を楽しむことである。

わ　若さを保つ笑いの効用

笑いは若さを保つだけでなく、笑うことによって、がん細胞やウイルスをやっつけるナチュラルキラー（NK）細胞が活性化すると言われている。

笑いは今流行の新型コロナウイルス等の感染症やがん予防にも効果があると言われる。昔から「笑う門には福来たる」「笑いは百薬の長」等は人口に膾炙している。しかし、担任は年々歳々年を重ねる職業なので「一笑一若」（一度笑うと一つ若返る）を心掛けたいものである。筆者の中学校の恩師で駄洒落を含めて、常に笑いの絶えない笑える毎日を送らせてくれた担任がいた。

恩師は笑いのネタ探しと生徒を笑わせることに快感を覚えて、担任と授業を楽しみながら生徒を喜ばせていたことに気づかされる。

終わりに

教師は1日1日、1年1年、教えながら、教えられながら、学び続けることを丁寧に積み上げて行くやり甲斐のある職業である。学級経営を楽しめない担任は、上手くいかないことを児童生徒のせいにしがちである。

上手くいかない時こそチャンスにして、担任の力量アップにつなげることである。担任の仕事は1年契約の仕事である。児童生徒理解を心掛けて、年度末まで児童生徒に寄り添い全力投球で取り組むことである。全力投球で一所懸命に取り組んで失敗することがある。その時は支援の手が差し出されてくるものである。

担任一人で学級全体と綱引きをすれば、当然勝ち目がない。綱引きを面白くするためには、リーダー、サブリーダーを育てて、児童生徒から知恵を出させ、考えさせることである。担任の綱引きはいつでも手を離せば、勝負は見えている。何があっても綱引きの手を離さない覚悟が重要である。その工夫として担任をサポートするために学級の力を2分割することである。拮抗する楽しい綱引きを演出できれば、学級がまとまり、学年行事でも力を結集することの素晴らしさを体験できる。

担任は縁あって児童生徒の担任になったことを嬉しく思うことである。嬉しければその思いを具体的な言葉ではっきり伝え、その内面を笑顔で表現することである。担任は口角を上げて笑顔の輪を学級に広めることを心掛けることである。笑顔はストレスを緩和し、体内に侵入するウイルス等の体に悪影響を及ぼす物質を退治してくれるナチュラルキラー細胞を活性化するので、免疫力も高まると言われている。担任は楽しむものである。楽しまない担任は苦しい。担任は時間の余裕、健康に気をつけ、笑顔を心掛けて、児童生徒との出会いを大切にして、出会いを育み、出会いを力に変える重要な責務がある。

生涯の仕事としてやり甲斐をもとう

初任者編

はじめに

筆者が初任教員としてスタートした時は、副校長や主幹教諭はいなかった。高度経済成長の時代は、都市部を中心に学校が次々と誕生した。小学校教員が不足していたので、中学校教員採用試験を受験した人対象に県で小学校教員養成を行ったり、助教諭で採用し、短大に通わせ小学校教諭の免許を取得させることも行われていた。

現在、学校は統合されたり、規模も縮小しつつある。初任者研修は年間を通して手厚い指導が充実してきている。小学校では外国語活動が導入され、中学校では、過労死寸前の部活動指導の見直しが図られてきている。

教育現場の様変わりは日進月歩である。教育は「百年の計」と言われる。国づくり・人づくりを考えれば、どんな時代が来ようとも教育に負うところが大である。初任者が誇りを持って、生涯の職業としてやり甲斐を持って日々前進されることを期待している。どんな教員も初任者の時代を経てきている。初任者は円を描くようにぐるり一周して、元の出発点に戻ってくるのだ。なぜなら、初任者の時代に先輩から指導されたことは、金言至言として筆者の心にも深く刻み込まれている。現場での経験知もちりばめながら執筆したい。

一例を挙げると、「まず、見えるものをどう見るべきか、しっかり身につけ、眼に見えないものを見る眼を磨き、子どもに感動する心を与える教師になれ」と教えられた。授業づくり、保護者対応、児童理解、生徒理解、ほめ方、叱り方、いじめ等々教員は教えながら児童・生徒からも教えられるのである。児童生徒に寄り添いながら力量を高めることが大切である。同じ職場の教職員の良いところをどん欲に吸収して早く一人前と言われる教師になって欲しいものである。初任者を指導する管理職をはじめ、ミドルリーダー、初任者にも読んでもらいたいと思う。

あ　挨拶はまず隗よりはじめよ

どの学校にもいる優れた教員は児童・生徒、職場の誰に対しても気持ちのよい挨拶を自分から進んで行っている。ひよこが最初に出会ったものについて行くというが、初任教員も身近にいる教員の中からお手本とすべき教員を探し出し、様々なことを態度で教えてくれる教員について行くことが肝要である。

常に優れた教員の一挙手一投足に気を配り、どんな場面で、どんな言動をするのか先輩に学ぶことである。人との出会いは挨拶に始まって挨拶で終わる。ただお座なりの挨拶もあるが、心に響く挨拶もある。

理想の挨拶は笑顔で心のこもった声量と声音で相手より先にすることである。常に心に余裕を持って、気持ちの伝わる挨拶をしたいものである。

い　一生涯を貫く仕事にする

筆者は教員になるか、他の職業になるか迷ったこともあった。しかし、母校で教育実習を終えて教員になる覚悟を決めた。結果としてぶれることなく一生涯を貫く仕事にして今日までやってきた。長い教職生活を振り返ると、途中で教職を辞して転職した人も少なくない。辞めた人は教えること、担任を持つこと、部活動を指導すること等にやり甲斐を見いだせないまま転職していったように思う。

働き方改革の一環で部活動指導にメスが入ったのは喜ばしいことである。初任者はまず授業が児童・生徒から支持されて一人前である。よりよい授業づくりのために努力を惜しんではならない。授業研究には積極的に参加し一生涯を貫ける自信をつけることである。

う 運動を児童・生徒とともに楽しむ

小学校時代から外遊びの楽しさ、醍醐味を覚えないと運動嫌いのまま学校生活を過ごしてしまう。初任者は児童・生徒と一緒に体を動かすことができる若さの強みを認識すべきである。そのために体育の時間等で楽しい遊びやゲームをともに楽しむことである。一人より仲間と一緒に遊んだ方が楽しさや喜びも倍増する。休み時間に本を読んだり、絵を描いたりしている運動の嫌いな子どもにも声かけをして、仲間に入れて体験させることを心がけるべきである。初任者は読書したりする一人の時間も大切であるが、学校では集団の中に入り込み積極的に児童・生徒と触れ合い、人となりを把握することで、思い通りにならない児童・生徒理解が進むのである。

え 笑顔があふれる教室づくり

児童・生徒の笑顔には三種類ある。昇降口で見る朝の笑顔、授業中の分からないことが分かった笑顔、遊びや体育・部活動等で体からあふれ出す笑顔がある。朝の笑顔は児童・生徒が家庭の諸々のことを背負ってくる笑顔だ。淋しげな笑顔、憂いの笑顔、朝食抜きの元気のない笑顔もある。朝の笑顔は心の内面が出る笑顔である。授業中の笑顔は、疑問なこと、分からないことが氷解した時の学習の喜びの笑顔である。部活動等の笑顔は体全体から発せられる伸びやかな笑顔である。初任者は笑いの意味を理解できるように経験を積み、その背景を知ろうとする姿勢が重要である。人間は笑うことで気分がスッキリする。初任者は笑顔溢れる教室づくりを目指そう。

お　おはようで一日が決まる

初任者は朝学校に来たら誰に対しても心を込めて気持ちのよい挨拶を心掛けなければならない。児童・生徒、同僚、上司にも笑顔で挨拶することから一日が始まる。筆者の回りにも挨拶は、年下の児童・生徒から、若い教職員からすべきだという人もいる。長幼の序の考えからすれば当然だが、そういう教職員は、児童・生徒から好かれていなかったり、人気のない人が少なくなかった。相手が誰であれ、積極的にお早うの挨拶を交わすことで、心が通いあう手応えを感じられるようになる。

担任を持って挨拶のよくできる学級を作るためには、まず隗より始めよで、常に笑顔で挨拶を繰り返していれば、自ずから児童・生徒にも伝わっていくものである。

か　感謝の思いは声に出して伝えよ

目に見えることは言うまでもなく、目に見えないことも心で感じれば、直ぐに感謝の思いを声に出して伝えることである。人に何かをしてもらっても声に出さなければ相手の心に感謝の思いは届かない。声に出さない人がありがたいと思わないのと聞かれるとありがたいと思っているよ大概言うものである。初任者は分からないことを教えてもらったら心からありがとうを言い続けることである。ありがとうの数が初任者の成長の証しとなり、一人前の教師に一歩ずつ近づいていくことになる。

児童・生徒、回りの教職員にも常にありがとうを直ぐに言うことである。ありがとうは言えばとってもいい気持ち、言われりゃもっと良い気持ちになるからである。

き　基礎・基本を徹底する

学習や生活においても基礎・基本は重要な土台である。特に学習においては、休み時間のモードを学びのモードへと「スイッチ」の切り替えを上手に行うことも大切である。児童は小一から小六、生徒は中一から中三まで、高一から高三まで、それぞれの学年に見合った工夫が大切である。

各学年、各教科によって様々な工夫を凝らした授業前の短時間の導入を初任者のうちに作り上げることである。国語では自然の移り変わりを詠んだ俳句や短歌を紹介したり、体育では準備運動を事前にしておく躾をしておくと授業がスムーズにスタートできる。一時間ごとのスイッチの切り替えを早く上手にできるようにすることで学級が落ち着くことで学校全体も安定してくる。

く　苦しい時は周りに必ず相談

筆者は初任時代にやさしい先輩から「何でも分からないことがあれば、聞いてね」とよく言われた。しかし、何が分からないことかも分からなかったことを思い出す。かつて初任者が精神疾患になったり、単学級で初任者を丁寧に指導する余裕のない学校で自殺者が出ている。学校は年々多忙化して、初任者の周りも余裕がなくなってきている。

初任者は困った時は、メンツを捨てて勇気を出して尋ねることである。尋ねて教えてくれない教職員はいない。聴けば気持ちが楽になり、困った事態を解決するヒントをもらうことができる。管理職、ミドルリーダーは不即不離で初任者に寄り添い、一人で悩むことがないように支援を惜しまないので相談すべきである。

け　けんかのルールを授ける

児童生徒の喧嘩やトラブルはなくなって欲しいと思いながらもなくならないものである。初任の時は、繰り返し起こる喧嘩等に精神的に疲れてしまうこともある。大人社会でも小さな喧嘩やトラブルはよく起こる。子ども社会で起こるのは当たり前と割り切ることである。初任者は学級内で起こった時にどう解決して行くかが問われる。喧嘩両成敗と言うが双方の言い分を落ち着いて分析し、納得させて乗り越えていくのが重要である。

大人社会でも起こる喧嘩やトラブルは将来の社会生活をする上での大切な訓練の場である。喧嘩やトラブルでささくれ立った心と思いやりの心で協力する時の違いに気づかせて学級目標実現を目指していくことである。

こ　言葉遣いは丁寧に誠実に

相手を強く意識して自分の考えをしっかり伝えたいと思えば、言葉遣いはゆっくりと丁寧にすべきである。誠実に声も和らげて話すようにする。丁寧に誠実に伝えることを心掛けて発する言葉には言霊が宿るはずである。初任者は児童生徒の声に注目して、ただ単に大声を出して伝えるよりも小声で耳を傾けさせる方がこちらの思いが正しく伝わることを工夫して教えるべきである。更に上手い言葉遣いは間の取り方、アクセント、声の大きさも考慮していることをきちんと教えるべきである。

人前で話す時、話し手がもう一つ工夫できるのは、自分と聞き手の距離、表情を読み取らせることである。場の読みができるようになると聴いてもらえる話ができるようになる。

さ　些細なことに拘らない

様々なタイプの教員に出会ってきた。学級の些細なことに拘る人は、根幹の大切なことが疎かになっていた。

学級目標を達成するためにぶれない基本軸を持っていれば、些細なことに拘るあまり、大局を見失ったりくよくよ悩んだりすることもなくなるはずだ。やんちゃな一人二人の児童生徒にばかり係わって、その他大勢の良識的な児童生徒を等閑にしていては、本末転倒である。何を優先したら良いのか熟考することである、

寛大な気持ちになって些細なことは、片目をつぶる位の覚悟が必要である。片目を何時もつぶっていては足下を見られてしまう。その都度適切に判断して悔いを残さないように時には毅然としたぶれない態度も必要である。

し　叱ってもらえる人となれ

若くて未熟な初任教員は一所懸命に取り組んでも計画の甘さ、経験の少なさから失敗してしまうこともある。初任の頃の失敗は一所懸命に取り組んだ失敗なら許してもらえると思う。小さい失敗を繰り返したとき、叱ってくれる人にも二通りいるはずである。親身になって自分の失敗を語りながら説得してくれるタイプの人、ただ上から目線で感情的になったり、前の失敗まで持ち出したりするタイプの人がいる。

初任教員がどちらの教員を選ぶかは言うまでもない。但し、許されない失敗もあることを知っておくべきである。金銭の誤魔化しや児童生徒へのパワハラ、セクハラは、絶対許されないことである。これらは生涯忘れてならない重要なことである。

す　好き嫌いをなくす努力

食べ物も好き嫌いがあればなくす努力をする必要がある。人間関係でも初任教員にとって、何となく好きになれる人がいたり、何となく好きになれない人がいて当然である。現場の教員にも様々なタイプの教員がいる。なかなか好きになれない教員もいるが誰とも上手くつきあえる努力をしなければならない。好きになれない児童生徒、保護者等とも上手く付き合えるのがプロの教師である。人間は心で嫌だと思っているとその思いが表情に出てしまうので気をつけなければならない。

他人は変えられないが、自分は変えることができる。自分を変えてどんな人とも付き合えるように好き嫌いをできるだけなくす努力を続けて行きたいものである。

せ　清掃できれいな教室環境

筆者が初任の頃、常に教室環境が整備されている学級があった。よく見ると清掃が行き届いていて花が飾られ清々しい教室環境だった。整った教室の担任は清楚な身なり服装で、児童生徒が落ち着いて日々学校生活を楽しく送っていた。学ぶはまねぶで良い点をまねて取り入れる視点も初任時代こそ重要である。気を付けて見ていると、しばらくの間は、清掃も床の掃き方、拭き方、黒板の拭き方を手取り、足取り丁寧に教えていた。できたら誉めて掃除ができるまであきらめないで指導していることが分かった。

児童生徒は常に清掃がきれいに行われている教室環境にいればそれが当たり前になる。汚れた教室にいれば感覚は鈍磨してそれが当たり前になる。

そ　相談で新たなスタート

初任者は小利口な教師になってはいけない。学生時代から人に聴くことをしなくてもそこそこ何でも出来た人は、頭を下げて他人から教えてもらうことをしない傾向がある。「聞くは一時の恥、聞かぬは一生の恥」と言われるが、未熟な教員を脱出したいと考えれば、聴くことを億劫がってはいけない。何でもどうしたらよいのか困ったら謙虚に先輩・上司に相談し、アドバイスをいただき、それを基にして新たなスタートをする心がけが大切である。初任時代は一度聴いたら必ず忘れないように書き留めておくことである。

同じことを二度訊くことは厳禁である。先輩・上司に相談し、いただいたアドバイスを咀嚼し納得できたら実践のスタートである。

た　体験は学力の基盤

体験格差が学力格差を生むという。「百聞は一見に如かず」というが、筆者は「百見は一体験に如かず」だと考える。聞くだけ、見るだけより自ら実際に経験をすることの重要性は誰でも分かっている。児童・生徒にできるだけ多くの体験、学びの場を用意し、学びの体験を通して考えさせ、学びの体験の素晴らしさを体得させることが極めて重要だと思う。

主体的積極的な深い学びをするアクティブ・ラーニングも体験を絡めて取り組むことが肝要だと思う。初任者の若さと馬力は、現場の中堅、ベテランに勝っている。この初任者の力を体験学習の場で活かすことが児童・生徒の成長と同時に初任者自身も成長することに繋がっていくと考える。

ち　力を蓄える努力

初任者にとって力を蓄えるために様々な努力が求められる。その中で最優先で努力を重ねて力量を向上させなくてはならないものは授業力である。

初任教員が増え、若い教員も含めた指導力アップは喫緊の課題である。優先的に時間をかけ、初任者を含めた若手教員から中堅、ベテランまでが授業の質的向上を目指すという当たり前のことが当たり前にできていない状況がある。その中で初任者の授業力向上のいろはは、起立、礼、出席確認、板書の仕方、チョークの使い方、指名・発問の仕方、机間指導の注意点、説明の仕方、考えさせる時間の取り方等々、初任者がこの時期に一つ一つ確実に身につけていくことをしっかり会得しておくことが不可欠である。

つ　疲れたねといえる友を持つ

学校の年齢構成の理想は、馬力はないが経験知を蓄えているベテラン層、どこで馬力を発揮するかわきまえていてそれなりの経験を積んできた中堅層、馬力はあるが経験知のない初任層と三層で構成されている。理想どおりの学校ばかりではないと考えるが、初任者の勤務する学校は大規模・中規模・小規模を問わず、それぞれの学校が課題を抱え日々奮闘しているのが現状である。

初任者は馬力があるので、少し無理をしても大丈夫と過信しがちである。若くても無理を重ねれば、その反動が必ずくるものである。何でも相談できる仲間をつくり、疲れたねと本音で話ができる友は必ず作るべきである。職場は同じでも、違っても持つべきものは友である。

て　出会いは二度ある心得

人は誰でも好き嫌いがある。しかし、初任者は児童生徒、教職員に好き嫌いを表情に出さない心掛けをすべきである。好悪の気持ちを時には封印することも必要である。筆者も常に苦手な人もいたが、苦手な人と胸襟を開いて話すと意外な人となりに気づかされて、自分が勝手にいやな奴と決めつけていたことに何度も気づかされた経験がある。嫌いな人と思っていると以心伝心で、その思いや表情は、言葉遣いに出てしまうから気を付けなければいけない。教員になる前は、嫌いな人を避けて、気の合う人とだけ仲良くしてきた初任者もいると思う。

定年まで勤務することを考えると嫌いな人と再度出会うという人生の皮肉も心得ておくべきである。

と　時計は待ってくれない

学生気分を一新し、勤務時間、時間割という学校時間を厳守する意識がないと初任者は一人前になれない。時間は待ってくれないので、先取りすることである。先取りするとは、分からないことが少なくないので、何事も早めに取り組むことである。早めに取り組むと教材研究では、疑問点を同僚・先輩に教えてもらえる。分掌の資料づくりも早めに仕上げれば、上司から指示をもらい訂正したものを提出できる。早め早めの心掛けをしていると忙中閑ありで、時間と心の余裕ができる。

教育書を読むこともできる。早め早めと対極の時間を守れない人は、授業や会議等で数分でも遅刻すれば、相手の貴重な時間を奪うことにつながるので、時間厳守は大切である。

な　名前と人となりを覚える

初任者は、児童生徒の名前を最優先で覚えることである。初めて担任を持つ時は名前と家族関係を含めてしっかり覚えることである。学級で初顔合わせの時、フルネームで呼ばれたら笑顔を返してくれるはずである。次に良い点を見極めて人となりを覚えることである。名前と人となりをインプットできれば、学級経営のスタートである。児童生徒の表情は、坐学の時と体育・音楽等の時とで大きく異なる。

未熟な児童生徒の人となりを知る上で大切なことは、一日の学校生活で表情が一番輝く時間がどの時間かを知って、人となりを理解し覚え込むことである。毎日の違った表情を見せてくれる児童生徒に寄り添いながら教員生活を楽しむことである。

に　二度同じ失敗をしない

筆者は中学校教員採用試験に不合格となり、小学校助教諭が教員のスタートだった。この経験はのちに教育困難校に勤務し、学びで学校の建て直しをする時に大いに役立った。小学校2年生まで遡って、五教科五科目の学校設定科目を作成したからである。不合格という、言わば失敗の経験がなければ今の自分はないと考える。失敗は教員生活を送る上で肥やしになる。しかし、同じ失敗を繰り返さない覚悟は大切である。人間に失敗はつきものだが、大事なことは常に一所懸命に何事にも取り組むことである。失敗した時、一所懸命かそうでないかが問われる。一所懸命であれば必ず救いの手が差し伸べられるものである。一度の失敗に懲りない強い精神も必要である。

ぬ　抜かれても力を蓄えよ

初任者は多くの人から長い教職の道を倦まず弛まず元気に歩んでいくことが期待されている。長い道のりでは同僚と併走していても少し遅れを取ることもある。明らかに抜かれてしまうこともある。抜かれても遅れても大事なことは、様々な試練の一つと考え、そんな時こそつらいピンチをチャンスと割り切ることである。つらい時こそ自分の立ち位置でしっかりと根を下ろし、立場を盤石にしておくことが肝要である。立場を盤石にするとは、力を蓄えることである。長い教職人生は全て自分の思い通りに行くとは限らない。思い通りにいかない時こそ自分に与えられた試練だと考え、めげない、ぶれない、あきらめない精神で着実に一歩ずつ歩み続けることである。

ね　根を地中深く張る

「良樹細根」は好きな言葉である。雨にも風にも負けないしっかりと立ち続ける「良樹」は、目に見えない地中深くしっかりと根を張り巡らしている。地上に枝葉を伸ばしている良樹は、地下にも同じように根を張り巡らせている。初任者は着任した学校にしっかりと根をおろさなければならない。仲間の学校を羨ましいと思ってはいけない。「置かれた場所で咲きなさい」と言われるが縁あって着任した学校で精一杯努力を続けて、あまりよそ見をしないことも大切なことである。

多くの初任者を見てきたが、児童生徒のために覚悟を決めて努力しない初任は腰の据わらない「根無し草」になってしまう。根無し草では教師の醍醐味を味わうこともできない。

の　能力の限界を知る

初任者は自分の能力を過信しないことである。常にバランス感覚を働かせて背伸びをしないことである。自分を自分以上に見せようとして虚勢を張ると長続きはしない。常に謙虚で児童生徒にも教職員にも公平に接することである。学生時代と大きく違って、児童生徒の能力を引き出すことをメインにして、初任者の能力と合わせて学習も行事も推進していく心掛けが肝要である。初任者も教職員集団の一つの重要な歯車である。全部の歯車が回転して学校経営が円滑に進められるのである。

初任者であっても組織の重要な一つの歯車だと強く認識して自分の仕事を充実していく役割がある。限界のある能力を向上させるために年々努力を重ねていかねばならない。

は　張り切り過ぎない

初任者は若い力を善用しなければならない。経験がなくても力仕事や小回りのきく仕事は率先してやることができる。ベテランや中堅教員も初任者の時代を経験している。経験知の高い教員からのアドバイスにはひたすら耳を傾けて聴かねばならない。先輩からの助言を素直に聴くことが、初任者にとっても成長の肥やしになる。

初任者としての甘えが許されるのは数年である。初任者の時こそ分からないことは何でも尋ねてメモしておくことである。初任者のありがちなことは張り切り過ぎてブレーキの使用を忘れることである。張り切り過ぎている時は必ずブレーキを使用し、加速が必要な時はアクセルを使用するという使い分けが肝要である。

ひ　一人一人の持ち味を生かす

初任者は先ず授業の基礎・基本を身につけなければならない。児童生徒にとって分かる授業、楽しい授業を目指す中で授業力を向上させていくことが求められる。授業者としても、担任としても一人一人の持ち味の長所・短所を早急に理解し、それを生かすことが重要である。児童生徒の人となりを十分理解すれば、それぞれの個性をどの場面で生かせばよいのかが分かってくる。うまく生かせば児童生徒の自信になると同時に初任者の指導力向上にも必ずつながっていく。教師は努力している限り悩みは尽きないものである。

児童生徒をどの場面で最大限生かすことができるか、よく考えて努力を続けていく中で悩みを解決することが教壇に立っている限り求められる。

ふ　不易の読み書き計算

昔から学問の基本は、読み書きそろばんと言われる。そろばんは計算である。読みは目で見て、声に出して、耳で聴くことで流暢な音読ができるようになる。音読ができるようになれば次は黙読である。書くことは読む聴く話すの総合力がないとよい文章は書けない。計算の基礎は小学校2年の九九である。九九が完璧でないと児童はその後の算数・数学、理科の学習が分からない、できないにつながってしまう。初任者はこの学習の基本を特に小学校で躓いている児童がいれば、早期に分かるようにすることが、肝要である。外国語活動、プログラミング等やることは増えて大変であるが、児童・生徒の分からないできないをそのままにして置き去りにしないことである。

へ　屁理屈は言わない心掛け

初任者は未経験なことに取り組まなければならない。十分理解していないために児童生徒、他の教員に迷惑をかけてしまうことがある。分からないことがあって当然である。しかし、分からないことは素直に頭を下げて教えを請うことである。

「聞くは一時の恥　聞かぬは一生の恥」と言われる。聞いて上出来でなくてもやり終えることができれば合格である。しかし、人に聞かずに失敗すればその責めは自分が負わなければならない。自分だけで済めばよいが他人に影響を及ぼすと深刻である。

初任者は失敗を他人のせいにしたり、言い訳をしないことである。屁理屈を言うことは厳禁である。初任者は失敗を素直に認め、屁理屈等を言わない心がけが大切である。

ほ　他の教員から教えてもらえる人に

初任者は自分以外の他の教職員全てが師だと思って、是々非々で教えてもらうことである。教育は経験知が重要なので、どんなこともありがたい助言と考え、謙虚に受け止めることが大切である。

教員の中には部活動重視の人もいるし、あくまでも授業が最優先されるべきだと考える人もいる。初任時代は双方の教員から教えてもらうことで、授業も部活動も一人前と言われる教師を目指すことである。

授業も部活動も直ぐに一人前の指導力を身につけることは難しいが、何でも教えてもらえることは吸収して、経験を積む中でいずれ選択できるまで素直と謙虚を心がけていれば、困った時に黙っていても教え導いてくれる先輩・同僚が必ず出てくるはずである。

ま 学ぶは真似ぶから始まる

学ぶは真似ることである。初任者は、何を誰からどう学ぶか、見極める眼が必要である。自分の不得手なことを上手くこなしている同僚・先輩と仲良くなり、真似をすることである。

教えを請うと決めたら何でも気楽に相談し、その教えを日々の教育活動に生かして行くことである。経験知に基づいた教えは初任者にとって、常に心の支えとなって蓄積されていくものである。

筆者は初任の頃、事前準備の大切さをたたき込まれた。厳しい上司は、会議の直前に資料を配ることを許してくれなかった。全員が事前に目を通して会議に出席するためである。他に先輩を真似たことは毎日一時間早く出勤し、教材研究も一学期先取りして準備できるようになったことである。

み 皆のよい点を見つける

初任者が児童生徒のよい点をプラス思考でしっかり見つけることは、学級活動や学習指導でも大切なことである。

一日の様々な指導をとおして、一人一人のよい点を見つけて、それを認めて心を込めて誉めることである。それを自信にして児童生徒が自己肯定感を高められるように背中を押してやることである。学級の中には人の欠点ばかり見つける児童生徒もいる。教職員にも人のよい点を認めず、欠点ばかり見つける教職員もいる。学級集団づくりでも欠点を見つける児童生徒が核になると刺々しいまとまりのない集団になってしまう。

自分のよい点を自覚し、他人のよい点を相互に認めあえる集団づくりこそ初任が目指すべき学級経営、学習指導である。

む　無二の仲間を持つ

無二とは大切でかけがえのないことの意である。筆者は8校に勤務したが、それぞれの学校に無二の仲間と言える何でも相談し、困った時に助言してくれたり、力を貸してくれる人と出会ってきた。初任者は学生気分を一新し、社会人としての立ち位置をしっかり弁える必要がある。

初めての学校に初任がいればよいが、いない場合でも力仕事や何か目の前のやるべき仕事があれば我先に率先してやる気働きが求められる。何で自分がという思いは禁物である。

目の前のやるべき仕事に積極的に取り組んでいると自ずから仲間ができてくる。その仲間からも信頼され、職場に確かな根っこを伸ばすことができて管理職、先輩教員からも信頼されるようになる。

め　眼は大きく口は小さく

初任者は目は大きく見開いて、児童生徒のこと、身の回りのことに注目して、見極める眼を持つことが大切である。しっかり刮目して物事を見ることが習慣になると児童生徒の健康観察、服装・頭髪の変化にも気づくようになる。校内の花壇に四季折々の花が咲いていても自分で気づかない人は児童生徒に花の美しさを伝えることができない。花の美しさに注目できるようになると教室環境の美化を心掛けることができるようになる。

口は小さく、初任の時代こそ多弁・能弁ではなく、聞き上手を心掛けるべきである。職場にも弁の立つ人、そうでない人もいるが回りを見ても冷静に観察すれば、聞き上手は話し上手であることに気づくはずである。

も　もう少しの努力が分岐点

初任者は全て初体験で戸惑うことも少なくない。分からないことは進んで教えてもらうことである。教えてもらって仕事をするようになると、言われただけのことしかやらずに済ます人ともう少し努力し、工夫するいわゆるプラスαのある人もいる。

初任者はプラスαのある教員を目指すべきである。管理職やミドルリーダーが仕事を頼む時、誰に頼むかと考える時、常に努力し、工夫するプラスαの教員に依頼する。仕事は忙しい人に頼めといわれるが、努力し工夫のできる信頼出来る教員だからである。

将来信頼される教員を目指せるように初任の時代から、努力すべきか否かの分岐点に立たされたら熟考し、プラスαの教員を常に目指すべきである。

や　止めたい時は複数に相談

初任者は学級指導や教科指導で思い通り行かないことに何度も遭遇する。そんな時一人で判断し止めることは厳禁である。上手く行かない時こそ同僚や管理職等複数の人に相談することである。

教育現場では相談して教えてくれない教職員はいないと信じる。一つの行動に必ず目に見えない反対があったり、抵抗勢力の力が働いたりすることもある。常に一所懸命に取り組む中で上手く行かない時は頭を下げて教えてもらうことである。初任者は若い時に未熟だから失敗して当たり前と思える度量も必要である。

一度失敗したら懲りて二度と挑戦しないようでは教師として大成しない。失敗から学ぶことこそ生涯の肥やしになることを忘れてはならない。

ゆ　許すことができる人になる

筆者は初任の時に、何度も生徒指導上の問題行動を繰り返した生徒を許せないと思っていた。経験不足と教員としての未熟な点を自覚していなかったからである。結婚して自分の子どもを持って、自分の子どもでさえ思い通りにならないのに他人の子どもは言うまでもないと分かった。かつて許せないと思っていたことも大概のことは許せる心の余裕を持てるようになった。これは現場で経験知を蓄えたからである。

初任者は長い目で見ると他人の失敗を許せる人にならなければならない。同時に多少の失敗を繰り返しながら失敗から立ち直る挫折回復力を身につけて行くことも大切である。児童生徒や教職員の失敗を許すことができる教員になって一人前である。

よ　欲を出しすぎない

初任者は怖いもの知らずで何でも受け入れて、飽和状態になって挫折したり、迷惑をかけたり、保護者の苦情に戸惑うこともある。

初任者は自分の身の丈を弁えて自分の力量を十分考慮して教員生活を送らなければならない。欲を出しすぎることは無理な背伸びをしていることなので、長続きしないものである。これ以上、できないことはできないとはっきり明言し、八方美人にならないことである。

唯々諾々と何でも引き受けていると肝心な授業やクラス経営に支障を来すことになる。

授業を最優先にして、優先順位を付けて段取りよく一つ一つ丁寧に仕上げて行くことを習慣にすることである。

ら　ライバルに負けない

教職人生もライバルが必要である。初任者も自分にないものを持っているライバルを持つと教職生活が充実してくる。

現場では同年齢の誰もが認めるライバルが何人か存在している。秘めた敵愾心を周りが気づくほどの言動や態度で示す人もいた。分掌の仕事や学級経営で競っていても波風を立てない度量の広い人もいた。

ライバル同士はお互いが協調し向上するのが望ましい。競争心むき出しの言動や態度は周りも不愉快である。初任者は時々飲食を共にして、情報交換をする中で刺激を受けたり、同じ悩みや苦しみ共有していることを知ることも大切である。その中で年々力を付けているライバルを見つけて負けない努力を続けていくことが重要である。

り　リーダーを誉めて育てる

1年目は初任者研修等で担任を持てない人がほとんどである。しかし、担任を持っていなくても、次年度に必ず担任を持たせてもらえるように校内の児童生徒の実態をよく見て、各教員がどのように掌握し、指導し、行事に参加させているかを学ばなければならない。職員室等に来る児童生徒との接触の仕方、指導の在り方を刮目して自分も来年は指導するのだと自覚しなければならない。

担任を任された人は、学級のリーダーの育て方を先輩教員からしっかり学び、リーダーを育てる術を教示してもらうことである。学級づくりができるようになると学級はまとまり、リーダーが自然と生まれてくる。リーダーは常に誉めて育てることが肝要である。

る　留守でも安心な学級経営

初任者も研修や出張で学校を留守する場合、学級を他の教員に頼んでいかなければならない。学級が落ち着いていれば問題ないが、そうでない場合、翌日が心配になる。留守をしても安心な学級経営の基盤は、日々の分かる授業を実践しているかが問われる。

初任者は駆け出しの頃から学級経営に固執して、その力をつけるべく努力を重ねていくことである。教員は職場でも保護者からも信頼され、1年目からよりよい授業実践を心掛けるべきである。児童生徒に楽しい授業を実践していれば、学級崩壊の対極のやり甲斐のある安定した学級経営ができる。

初任者は困難から逃げることなく安心・安全な学級経営の核となるリーダー育成が肝要である。

れ　礼儀を身につける

礼儀とは「社会生活の秩序を保つために人が守るべき行動様式」である。学校の秩序維持のために指導する側に盲点がある。特に中学校や高校等で服装・頭髪指導をする際、教員がきちんとネクタイを締めずにジャージのまま指導している。

初任者は様々な指導場面で見極める眼を持って自分の服装に責任を持つのが礼儀の第一歩である。各職場にはやわらかな物腰の礼儀正しい人がいる。礼儀正しい人は相手を晴れやかな気持ちにさせ安心感を与えてくれる。礼儀を身につけると感謝の思いを素直に伝えられるようになる。感謝のありがとうは言葉に出さないと他人に伝わらない。

ありがとうは言えばとっても良い気持ち、言われりゃもっと良い気持ちになる。

ろ 労力は使いべりしない

初任者は行事の度に教員が責任のある大変な仕事だと痛感する。授業や部活動の指導で悩んだ時は同僚・先輩に必ず相談して支援の手を差し伸べてもらうことである。一人で抱えないことを肝に銘ずるべきである。悩んだり失敗した時のアドバイスを糧に心機一転、一所懸命何にでも取り組むことである。

初任者の労力は使いべりしない。仕事は一所懸命知恵を出して取り組むと要領が分かり、少しずつ短時間で仕上げられるようになり自信もついてくる。教員の道は悩みや苦しみもあり決して平坦ではない。辛い時、筆者は原点回帰の「教育とは」と自分に問いかけてきた。教育とは児童生徒を幸せにするプロの営みだと言い聞かせて自分を鼓舞してきた。

わ 若さと馬力を生かせ

若さと馬力を生かすためには過去に得た経験知の結晶性知能と新しい場面に適応する推理力・思考力・暗記力・計算力の流動性知能をフル活用することである。特に結晶性知能は言語性知能なので「3つ子の魂百までも」と言われるように加齢による低下が少なく、認知症の人も衰えることが少ないそうだ。

教育は年々歳々経験知を蓄え結晶性知能に磨きをかけていくことが大切である。長い教職生活はどんな時もめげない、ぶれない、あきらめない不撓不屈の精神が求められる一生涯をかけるに値する尊い職業である。

初任の頃から児童生徒、保護者や地域の人から信頼される教員を目指して、螺旋階段を一歩一歩着実に上り詰めて行くことが期待されている。

終わりに

現職の教員は誰でも「初任者」の時代があったのに、自分の初任時代を忘れがちである。職員室で上から目線でアドバイスしている言動を見聞きしているといつからそんなに偉くなったのかと思ってしまう。教員の評価は自分ではなく、自分以外の他人である。初任は授業も児童生徒の生活指導も学級経営も素人であることを素直に認め、取り巻きの教員からの貴重なアドバイスに耳を傾けてしっかり聴くことである。大切なことはメモ書きして覚えて忘れないことである。

「授業が上手くなれば全て上手くいく」と先輩はよくいうが、授業が上手くなるには、３年以上の経験が必要である。初任者はアドバイスを直ぐに理解できなくても、ある程度の経験を積んではっと気づかされることもある。

筆者は先輩から「一流を目指せ」と教えられた。どの職場にも一流の優れた教員もいるが残念ながらそうでない教員もいる。初任の時代から一流の教員の優れた点を学び取らない限り、教員の力量アップはできない。初任者は授業や学級が安定していると自分に力あると思い込んでしまうが、過信してしまうとそこから進歩しない。過信を続けていると、担任に上手く合わせてくれている児童生徒からいずれしっぺ返しを食う羽目になる。

初任者は常に謙虚に、児童生徒から、周りの教職員からも貪欲に学び取って、それを一つずつ蓄積していくことである。学校現場は若い感性を持った初任者が職場の活性化を図ってくれることを期待している。教員は生涯を賭けるに値する立派な仕事である。真面目に取り組めば悩みは尽きない。複雑化した問題の解決はチームで取り組むことである。めげない、ぶれない、あきらめない精神力を養い、困った時は必ず声を上げて相談することである。よく働き、よく遊び、教員を愉しむことが長い教職生活を乗り切る秘訣だと考える。

第2部

学校危機管理の超基本

やさしくわかる対応ポイント

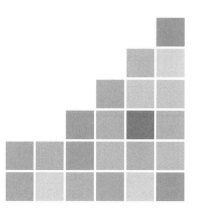

クラス名簿の作成

個人情報の保護に異論を唱える人はいない。社会の情報化の進展に伴い個人情報の保護に無頓着ではいられない時代になった。変化の激しい時代の中で、個人情報に過剰反応する人も出てきた。どう折り合いをつけて個人情報を保護していくかが肝要である。年度初めに事前に「クラス名簿」づくりの必要性、個人情報保護の意義等を管理職が学年主任、担任に話して十分理解させておくことが大切である。初任が、何の前触れなしに「クラス名簿」の作成にに保護者から反対を唱えられても乗り切れるようにしたいものである。

基本①名簿作成の注意点

個人情報制度は学校設置者により適応法令が異なる。多くの地方公共団体の設置している小・中学校は各地方公共団体の定める「個人情報保護条例」が適用される。私立学校は「個人情報保護法」が適応される。文科省は、学校を設置する民間事業者向けに「学校における生徒等に関する個人情報の適正な取扱いを確保する（中略）指針」（以下「文科省指針」という）とその解説（以下「文科省指針解説」という）を出している。文科省指針解説では緊急連絡網等を含めた名簿作成の注意点を2点挙げている。一つ目は生徒等から適切に同意を得る手続きを取るならば名簿の配付等が出来る。二つ目は同意が得られない場合でも同意する者の範囲で作成・配付できる。その際、書面で同意を得ておく必要がある。

基本②クラス名簿作成にあたって

校長の意を体して、管理職と学年、担任が事前の打ち合わせを密に行い「名簿」、「緊急連絡網」づくりが予定どおり出来るようにしなければならない。

名簿づくりに異を唱える保護者は個人情報が漏洩した苦い経験等があって、敏感になっている背景もあるので、意を尽くして納得させる必要がある。一人だけ名簿に掲載しない家庭があれば教育委員会への相談を含めた対応を工夫する必要がある。作成の同意が得られれば、取扱いに注意すること、必要最低限の作成部数を伝えること、双方にとって作成したことが、万一の事件・事故等に速やかに対応出来るメリットがあることを伝えたいものである。

基本③保護者対応

携帯電話の普及により学校現場では、様々なトラブルが起こっている。クラス名簿、緊急連絡網の保護者対応も安易に個人の携帯番号を親しくなった保護者だけにこっそり教えないことである。また、学校以外の自宅の電話を教えたことによるトラブル等もあった。前者は保護者対応が公平でないため他の保護者からの苦情があって、信頼を失った。後者は自宅の電話に引っ切りなしに電話してくる保護者がいて、担任がノーローゼになり療養休暇を取るようになってしまった。クラス名簿、緊急連絡網の連絡先は学校の電話番号に一本化すべきである。

基本④事後対応

学校は油断していれば必ずトラブルに巻き込まれる。最悪の事態を想定し事前の策を講じておくのが管理職の心得である。クラス名簿等の作成も先述した注意点を踏まえて対応すれば良い。それでもうまくいかなければ、教育委員会に相談し、相手を敵視することなく、最後まで誠実に対応することである。家庭連絡も担任の独断でなく、教頭や学年主任に相談し、事後報告も忘れないことである。もう一つ同じ繰り返しをしないために名簿づくりに敏感な人を次年度に申し送りすることも忘れないことである。

入学直後の暴力事件

入学式当日、生徒Aは気分が悪いと言って式の最中、体育館を出て式の終了を待った。終了後、新入生は各教室へと移動し、担任やクラスの仲間と初めての対面をした。学校生活がスタートし、生徒会主催の「対面式」で部活動紹介・委員会紹介があった。希望する部活動の加入調査で、Aはサッカー部を希望し、入部した。1週間ほどして2年の部員が部室で1年生に暴力を振るっているとAの母親から教頭に電話があった。新年度の部活動のスタート直後のトラブル発生かと思われた。校長は直ぐにサッカー部の顧問を呼んで、教頭に事実確認を指示した。顧問は「ないと信じているが…」と困惑顔だった。

基本①事実確認で見えてきたこと

顧問は部員を集めて、暴力事件はあってはならないことで残念至極だという話をした。その後、一人一人の部員から事実聴取をした。誰一人暴力を受けたり、行ったことをいう生徒はいなかった。Aを呼んで部の中に暴力の事実はなかった旨を伝える。改めて、誰が誰にどんな暴力を行ったのか尋ねると、入学したばかりで名前も分からないので言えないとうやむやな話しぶりに顧問も疑念を持った。

Aの言動を担任、顧問が精査してみると同じクラスのサッカー部員とも親しくないし、他の部員と体格を比較すると小柄であること、中学校時代から友人関係が上手く構築できていないこと、サッカーの技量も劣ること等が伝わってきた。Aは基本的生活習慣が確立していない生徒で遅刻も多く、いい加減な言動が目立つ問題生徒だと分かってきた。

基本②クラスを替えろ

Aが最初に声を上げた部室での「暴力事件」は

真相がはっきりしない中、担任に「クラス替えして欲しい」と強く申し出てきた。簡単にできない旨を伝えると、両親から学校に繰り返し強圧的な電話があった。学校は一貫して「クラス替え」はできないと伝えた。今度は議員を使って校長に「クラス替え」をして欲しい旨伝えてくる。本人と両親に学校にきてもらい改めて、校長、学年主任、担任、サッカー部顧問も同席し、Aの申し出た「暴力事件」のなかったこと、「クラス替え」はできない旨を伝えた。

基本③学校の姿勢

両親や親族はAのことのみを考えている。しかし、学校はよくある「クラス替え」の申し出をそのまま受け入れていたら一年中「クラス替え」を繰り返さなければならない。児童・生徒のいじめや命にかかわる緊急事態でない限り駄目なものは駄目と校長、学年主任、担任、生徒指導部等がチームでクレーマーの保護者と対応しなければならない。危機管理の「さしすせそ」は、さは最悪を想定、しは初期対応をしっかりやる、すは速やかな対応、せは誠意を持って対応、そは組織で対応することである。今回の事案も学校一丸となってチームで対応してきた。

基本④事後対応

Aの虚言癖も考えられるし、他の部員と体力・知力、学校生活を総合的に見ても勝っている点がない。サッカー部を退部した後の学校生活もだらしない生活を送っていて、入学式後から5月の連休明けまでたった一人の生徒に学校中が振り回された感は今でも否めない。真相が見極められないままAと向き合わざるを得ないのが学校である。チームで対応しないで担任一人に任せておけば担任が悲鳴を上げる結果になってしまう。関係者は悔しい思いをしたが、管理職と学年の結束力は向上した。

教員による体罰事件

男性教員が倒れた生徒に暴力を振るって引きずる様子を映した動画がツイッター上で拡散した。学校側は、動画の内容を把握し、教員の体罰を認めた。体罰の動画がネットで拡散したことに驚きを禁じ得ない。体罰禁止については、各学校で年度初めの第一回の職員会議で触れ、新聞報道の体罰事件があれば朝会等でも必ず取り上げている。

しかし、現場の体罰事件は、なかなかなくならないのが現状である。筆者の経験した体罰は、数日を経て保護者から手紙が来たり、目撃していた生徒の保護者から直接校長へ電話の来ることもあった。連絡があれば本人を校長室に呼び出し、事実の確認後、教頭、生徒指導部長の事情聴取を行うべきである。

基本①実態調査から見えてきたこと

第一に本人が話した体罰の概要を具体的にまとめることである。まとめを冷静に読んでみると事件の概要との食い違いに気づくことが少なくない。できるだけ当該職員を信頼するのが筋であるが、電話で聴いたこと等と若干の齟齬がある場合、生徒指導部に体罰を受けた生徒とその場にいた生徒の目撃情報を改めて確認してもらうことである。忘れてはならないのは、学校は警察ではないということである。しかし、体罰の加害者と被害者の双方の事実関係を確認し、必ずすり合わせる必要がある。双方の聴き取りを経て見えてくることは、当該職員の多くが事実関係を過小報告しがちであることである。このことを校長は常に念頭に入れておくべきである。

基本②教育委員会等へ

現場では体罰の発生の報告が校長まであがっ

た時点で、教育委員会に一報を入れること、被害者への謝罪のために家庭訪問を速やかに行うべきである。教委の担当者と保護者には事実関係を早急に確認し報告する旨伝えることである。その後、加害者、被害者、その保護者にも納得してもらえる「事故報告書」を双方の確認を経て仕上げることである。報告書をまとめるとき、加害者と被害者の事実関係に少しでも食い違いがあった場合には、双方の言い分を分析し、双方の納得の上でまとめることである。保護者の了解を得た上で「事故報告書」を教育委員会に提出し、指示に従うべきである。

基本③学校の姿勢

「学校教育法」第11条に「校長及び教員は、教育上必要があると認めるときは、文部科学大臣の定めるところにより、学生・生徒及び児童に懲戒を加えることができる。ただし、体罰を加えることはできない。」と明記されている。日頃から「体罰は厳禁」であることを徹底して指導しておくべきである。校長は新聞報道される体罰事件があれば、その都度取り上げ、体罰の厳禁を粘り強く訴えておくべきである。そして、校長は学校現場から体罰をなくす努力を地道に続けるべきである。体罰を現場から一掃するために、自分のことと受け止めない教職員がいる限り、ぶれない、あきらめない気持ちで体罰一掃を地道に訴え続けていくべきである。

基本④事後対応

一時的な衝動に駆られて怒りを爆発させて、体罰に及んでしまう教員が少なくない。上手に怒りをコントロールして適切なコミュニケーションに結びつける最近流行の「アンガーマネジメント」の研修も効果的である。言語で相手にその思いを伝えられない体罰を行なった教師に共通していたことがある。それは進んで読書をしない教員であった。

教職員の窃盗事件

いくつかの勤務校では残念ながら教職員の窃盗事件があった。文具・備品、金銭の盗難等の事例に遭遇してきた。盗難事件が頻発したこともあった。噂のあった教員が異動して、盗難が全くなくなったこともあった。噂の教員が異動先で自転車を盗み、懲戒処分になったことを思い出す。盗難の起こる学校は、懲りない脇の甘い教員の存在と隙を狙っている教員が存在している。脇の甘い教員に共通していることは、盗難に一回遭っても再度盗難に遭っていることが少なくなかった。昭和の時代は給料袋で手渡されていたが、平成時代から全て銀行振り込みになったので、給料の盗難は皆無になった。

基本①実態調査

ある学校で盗難事件の実態調査を行った。現任校という限定で行った。机の施錠忘れ、部活動に係る部費や徴収金、教材の臨時徴収金、文化祭の売上金等の盗難が多かった。職場で盗難事件が起こると、何となく気まずい疑心暗鬼の雰囲気が醸成されて明るさが徐々に失われてしまう。徴収金・売上金の盗難は、職員室の机上で多くの人が見られている中で金額を調べているので、盗癖のある人には確実に見ているのである。別の場所で計算して、袋詰めして机にしまった人は取られていないことも分かった。

学校としては、職場で盗難事件が起こることをなくさなければならない。机・ロッカーの施錠の励行と鍵の紛失等があれば早急に用意し、盗難の起こらない職場づくりを目指さなければならない。

基本②防止策の検討

学年会や企画（運営）委員会等で話し合い、職員会議でも全校上げて「盗難撲滅」のために教職員が知恵を出して、職場から盗難事件をなくす強い姿勢を示すことが重要である。職員室の金銭盗難があったとき、警察に被害届を提出し、指紋を採ればなくせることを主張する人もいた。指紋を採ることに抵抗を示す人も少なくなかった。学校に警察が入ること、指紋を警察に提出することは望ましいことではない。結論としては、取り止めたが、校内の教職員で盗難をなくす議論を真剣になって交わすことができたことも一歩前進であった考える。

基本③犯人捜しの壁

筆者の経験では盗難に遭った教職員からの事情聴取と当日校舎内に残っていた教職員の調査を行った。盗癖のある教職員の存在は否定できないので、調査はその都度行って、毎回浮かび上がってくる教職員がいたが、証拠がないので次の一手が打ちたくても打てなかった。怪しいからと疑うこともできないし、盗難に遭った教職員の気持ちにも寄り添った具体策をとらなければならない。犯人を捜したくても捜せない犯人捜しの厚い壁にジレンマを覚えてきた。このような状況をなくすために筆者は職員室の2つの入り口に「監視カメラ」を設置した。

基本④監視カメラ設置

「監視カメラ」は24時間作動し、データーが2カ月間保存される。校長室にモニターを設置し、常時校長室に出入りする教職員の目に触れるように敢えてした。出勤したときモニターのスイッチをオンにし、帰るときオフにした。オフにしてもカメラは作動しているので盗難はどうなるかしばらく様子見をした。驚いたことに「監視カメラ」設置後、一件も盗難が起こらなくなった。「監視カメラ」の盗難の抑止効果により、職場によどんでいた疑心暗鬼の雰囲気が一掃され、明るさと笑顔が蘇った。

学級の協働体制づくり

学校の荒れは上級生が近くの神社の賽銭箱からお金を盗んだことから始まった。それを契機にトイレのドアの破損、上履きの盗難、教室の掲示物の破損等にも荒れが波及してきた。どの学級にも問題児が存在する。経験の浅い教員を管理職を始め学年団でサポートしないと学級崩壊に繋がってしまう。

小・中学校ではスタートの1年と仕上げの最終学年に経験者を配置している。しかし、統廃合や退職者の関係で必ずしも理想的な学年配置ができないこともある。筆者は小学校3年の担任がスタートだった。当時は「学級崩壊」という言葉もなかったが、未熟な担任として学級崩壊寸前をかろうじて乗り越えてきたので、その時のことを振り返ってみたい。

基本①学級の決まりや約束の徹底

全く経験知のない初めての担任が、小1・2と2年間、3人の担任に躾けられた3分の1ずつの集団をまとめることは至難だった。各担任の躾け方に若干の違いのあることに気づいた。三人三様の演技者の児童を未熟な初任がリセットして、学級ルールを教えていくことは思い出す度に冷や汗が出る。朝から帰りの時間まで小さなトラブルが絶えなかった。特定の児童のちょっかいが他のグループに波及し、クラス全体が落ち着きを失っていった。このままでは、学級崩壊の予感があった。学年主任や教頭にも相談し、多少のトラブルは目をつむった。但し、喧嘩は許さない。喧嘩は何故行けないのかわかりやすく説明するように指導された。担任として毅然とした態度で体を張って喧嘩の度に考えさせ、決まりを作り、約束をさせて少しずつ落ち着いてきた。

基本②躾は朝の挨拶から

管理職からのアドバイスもあって、朝の昇降口で挨拶を交わしたり、下駄箱の様子を観察すると荒れた学級とそうでない学級に明らかな差があることに気づいた。挨拶も顔を上げ、しっかり目をみて、大きな声で元気に挨拶ができる学級にも気づいた。靴入れも乱雑に入れる児童もあれば、向きをそろえて入れた後、確認してから教室に向かう姿に児童は担任の演技者だと思い知らされた。未熟な担任にとってベテランの目に見えない児童の適切な指導に心を打たれた。教育は朝の挨拶に始まり、履きものを揃えることから始まることの重要性を教えられた。

基本③校長のリーダーシップ

筆者が児童・生徒の頃も荒れて経営のできない学級は存在していた。問題行動をする児童・生徒が学級の規律を乱すことを担任だけの責任にしていては管理職失格である。学級崩壊に係る危機管理の「さしすせそ」の「さ」は最悪を想定することである。教育委員会と相談し、ティームティーチング等を導入し、複数の目で指導することも大切である。「し」は初期対応である。エスカレートする前に手を打つことである。「す」は速やかに、「せ」は誠意を持って、「そ」は組織で対応することである。

基本④共通理解より共通行動

児童・生徒の荒れで学級の秩序が保てなくなったら最悪を想定し、管理職を交えて組織で対応することである。これを学校目標の児童・生徒指導の項目に入れても共通理解することは難しい。筆者は共通理解よりまず共通行動できる校長のリーダーシップが重要だと考える。日頃から児童・生徒の実態を保護者に知っていただく。保護者を交えた面接の機会を積極的に作ることが肝要である。児童・生徒一人一人を大切にする協働体制づくりが不可欠である。

教職員の病気休職

この20年間の教職生活を振り返ってみると、それぞれの職場で病気休職を取得して自宅療養している人のいない職場はなかった。真面目にやっている教員が仕事の段取りが悪くなったり、小さなことで激昂したり、児童・生徒と教室廊下等で対立したり、会議に遅れてくる等、今までの態度や行動が変化してくる。どうしたんだろうと思っていると、遅刻が始まり、休みがちになる。そのうちに突然体調を崩して、心療内科等の病院に行くと、自宅療養を要する診断が下される。病休になると授業の代替が大童になってくる。

基本①教職員のメンタルヘルス

元気だった教員が急に病休に入り、職員室に喪失感が広がる。校長は一人の病休が出ると次に病休の出ないことを祈りながらも危惧を抱かざるを得ない。現場は「総合的な学習の時間」が始まり、「外国語活動」も加わり、「学習状況調査」等も行い、飽和状態である。直ぐ切れる手のかかる児童・生徒、我が子中心の言動を取る保護者に手こずっている状況もある。日24時間しかないのに取り組むべき仕事の増加する職場は、コップの水が表面張力でいっぱいの状況である。どの職場もこぼれる寸前の状態である。教職員のメンタルヘルスへの取組はどの職場でも行っている。しかし、根本的な解決は、働き方改革による改善が大いに期待される。

基本②一人で悩まない

病気休職者は多忙な職場の中で内向的であり、真面目で孤独な人が少なくない。病休に入って気づくことは、いつもの元気な笑顔が見られない等の一人で悩みを抱えていたのだろうと想像できる。早めに気づいて話しかけたり、悩みを聴いてやる職場の雰囲気づくりも大切である。教育現場は大なり小なり悩みを抱えていない人はいないが、校長は悩みを自分一人で抱える人のいない風通しのよいコミュニケーションを大切にする職場づくりを目指したい。朝の気持ちのよい挨拶を交わすことから始まって、何でも気楽に話したり、悩みを相談すれば親身に聴いてもらえる人間関係づくり職場づくりをすることも重要である。

基本③校長として

教職員の病休が増加する背景には、指導に従わない、我慢のできない児童・生徒の増加、その保護者への対応において、明らかに力量不足の教員が増えてきたことも事実である。教職員の健康管理は校長の責任で行うべきである。その一つとして質的に変容してきた児童・生徒の指導のあり方、その保護者への対応について研修会を実施すべきである。第二、第三の病休者を出さないためにも必要である。また、職場から病休の診断が出た教職員は複数の専門医療機関で診察や治療を受けるように勧める。また、診断の出た期間は、代替の措置を取り、授業に穴を開けないようにしなければならない。

基本④病気休職が明けたら

病休明けから復職しても短期間で再び病休に入る例も少なくない。これには二つのことが大切である。一つは復職計画が余裕を持って行われていない場合が多いので、復帰したからと休職前と同じ仕事を任せずに軽減した配慮が求められる。二つ目は休職前と同じ状況を作らないように、管理職も含めて意識的な声かけ、何でも相談できる職場環境を作るべきである。校長のリーダーシップで教職員の一人ひとりを孤立させないために困ったことがあれば職員室の担任の副校長・教頭に気楽に相談できるようにしたい。

修学旅行のトラブル

思い起こせば、校長になって10数年が過ぎた。担任時代に引率した修学旅行の回数より団長として参加した回数の方が多くなった。忘れられないトラブルは、帰りの新幹線の番線と時間が間違っていて、修学旅行団全員が京都駅のホームに残されたことである。見知らぬ人から「この列車に乗車するんじゃないですか」と言われた。添乗員と打ち合わせてきたので「違います」ときっぱりと応えた。しかし、悲しいかな、本来乗車すべき列車は轟音と共に空気を運んで消え去った。「乗れ、降りろ」の怒号がホームに飛び交いパニックになった。

基本①修学旅行を考え直す

信じられない修学旅行のトラブルは、筆者にとって修学旅行を真剣に考える契機を与えてくれた。学校現場には残念ながら前例踏襲・現状維持を見直さないまま行事を行うことに異議をとなえる人も少ない。闘う校長として、前例踏襲・現状維持の修学旅行を考えている学年団には「修学旅行は止めよう」と提案するようにしている。最近は学校のプランを業者に提案し、それを踏まえてプレゼンを実施し、業者選定を行うようになった。年々工夫改善も図られるようになってきた。京都駅の「ホーム残留事故」を経験したことで、業者にも学年団にも緊張感の緩みから来る事故防止の大切さをしっかり訴えることができるようになった。

基本②最悪を想定する

「ホーム残留事故」は業者の添乗員だけの責任ではない。会社のチェック体制の甘さにも起因していると考える。学校側も業者丸投げで信じ切って修学旅行を行っている甘えもあると考える。事故前夜も鉄道好きの団長と業者との打合せを行っているが、乗車すべき列車の時間と番線のチェックが双方の盲点だった。危機管理の「さ」は最悪を想定することである。事故に遭遇すると分かっていても最悪を想定することの難しさに改めて気づかされた。修学旅行は見学場所の開館日、生徒の健康観察、想定外の事件・事故の防止が大切である。校長はトラブルが起こらないことを祈りながらも業者を信じ切らない覚めた緊張感を維持しなければならない。

基本③取り組んでみたいこと

緊張感のない「避難訓練」や「防災訓練」を修学旅行中に実施したら想定外の日常と異なる有意義な訓練になると考える。実施するためには、学校の主体的な訓練計画の作成と旅行業者、ホテルの担当者との綿密な打合せが必要不可欠になってくる。災難は忘れた頃にやってくる。常に備えが求められるので事前の下見、実際の避難経路の確認など3者の納得出来る訓練となるように具体的な計画ができれば、真逆の訓練となって、修学旅行中の忘れられない生きた訓練となると考える。もう一つ「食育」の視点で日常と異なる美味しい料理を仲間と食べることを通して、料理の素晴らしさにも気づかせたい。

基本④修学旅行の余韻

修学旅行は家族旅行とも仲間との旅行とも異なる。集団行動・集団生活を通して様々な制約や約束のある中で集団の規律の大切さ、集団生活の中でしか味わえない楽しさを会得させることも大切である。修学旅行は行く前に楽しく、行けばもっと楽しくなり帰ってきて、その楽しい余韻が続く修学旅行を目指したい。心から楽しめれば、結婚して、子どもができてからもまた行ってみたいと「四度楽しむ修学旅行」になれば、所期の目的が果たせると考える。コロナ禍で修学旅行が実施できなかった。空白の時間を忘れず緊張感を取り組みたいものである。

登校時の連れ去り事件

教育長時代の忘れられない事件の一つに「女子中学生連れ去り未遂事件」がある。未遂に終わったから安堵の胸をなで下ろすことができたが、万一通りかかった人がいなければと思うと、冷や汗が出てくる。救いは朝の登校時で明るかったことである。同じ時期に神戸市、倉敷市、相模原市等でも児童・生徒が狙われる事件が派生的に起こった。当時も年間90件前後起こっていたと記憶している。事件が起こればマスコミにも取り上げられ、大騒ぎになる。学校現場は常に油断禁物である。同じような事件に巻き込まれない日頃の危機管理が大切である。

基本①未遂事件の概要

市原市は県の中央部に位置し、県内随一の市域を誇る。過疎と過密がはっきりしているが、事件の起こった地域は過疎の地域である。現場にも足を運んだが、畑や林に囲まれた民家も遠く離れている。道幅は3・5㍍で自転車で登校途中に前方に停止していたワンボックスカーの男に「何年生」と声をかけられ無理やり後部座席に押し込まれた。手足をテープで縛られ、刃物を突きつけられ、「静かにしろ」と脅されたという。たまたま通りかかった地元の男性が、女子中学生の足が車の後部から出ていたので、「おかしい」と思い、対向車線からクラクションを鳴らした。女子中学生は車から逃れて「助けて」と叫んだ。男はそのまま慌てて逃げた。

基本②「助けて」と叫ぶこと

男性がクラクションを鳴らし続けたので、女子生徒は「助けて」と声を上げて逃げて来ることができた。後で分かったことであるが、女子生徒は最後まで抵抗を続けていたため、足が車の後部から出ていて、取りかかった男性に気づいてもらえたのだと思う。恐怖の中で男に抵抗するのは本能的な行動だったかも知れない。連れ去りを未遂に終わらせたのも男に抵抗を粘り強く続けたことが生命に危険が及ぶことを食い止めたのである。直ぐに観念してしまわずに最後まで抵抗することの重要性も児童・生徒に日頃から教えておくことも重要だと考える。

基本③市教委からの依頼文書

「①子どもの登下校の時間帯の見守りについて、市防災行政無線でもお知らせしていますが午前7時から8時まで、午後2時から5時までの下校時間帯に子どもたちを見守っていただく活動をお願いしています。なお、散歩、買い物などの外出の機会をこの時間帯に合わせていただけると幸いです。②不審者や不審車両の通報について、特別に危害を加えなくても「あやしい」と思った場合には、警察や市青少年指導センターにご連絡ください。③各地域の危険箇所について、各学校や地域の危険箇所（交通事故の危険、不審者の危険等）については、直接各学校にご連絡お問い合わせください。」

基本④偶然がもたらした奇跡

依頼文書と併せて、地域全体の「危険マップ」の作成、地域の死角や空き地の草刈り等もおこなっていただいた。過疎化と少子化の進行している地域で起こった事件であるが、筆者は偶然がもたらした奇跡だと考える。後で分かったことであるが、毎日定時に女子中学生とすれ違う会社員がこの日ゴミ出しで5分遅れて家を出た。このことが襲われている中学生の発見に繋がり、ドライブレコーダーを搭載していたので犯人逮捕に繋がった。過疎地域では子どもからお年寄りまでが顔見知りになり、地域をあげて気軽に声かけができるようにすることも大切である。

理科の実験における事故

数年前だが理科実験で救急搬送される事故が連続して起こった。筆者の住んでいる千葉県でも千葉市で事故が発生、その5日後に野田市でも発生した。この事故は鉄と硫黄の混合物を加熱して硫化鉄を作り、その後で塩酸を加える実験である。少し調べれば、広島、大阪、長野、埼玉等でも連続して起こっている。事故の起こった県では、県教育委員会から各市町村教育委員会に通知を出して、事故防止に努めるように求めている。

この事故の共通点は、中学2年生の5月から6月に行われる実験であること、各教科書には実験例と共に手であおいで匂いの確認をすること、換気を十分にすること等が注意点として挙げられている。

基本①背景にあるヒヤリハット

学校現場の事故は一件起こると、不思議だが次々起こる印象がある。鉄と硫黄の混合物を加熱して硫化鉄を作るのは、理科の専門家からすると初歩的な実験だと聴く。初歩的な事故とは言え、死亡事故と比べれば軽い事故である。しかし、救急搬送の事故を検証しておく必要がある。「ハインリッヒの法則」が思い出される。一件の重大事故の背景には29件の軽い事故があり、その背後に3百件のヒヤリ、ハットの事故にならなかった事例が隠されていると考える。マスコミや新聞報道された事故は軽い事故で、その背後のヒヤリハットの事例にもメスを入れて、事故防止につなげていく必要がある。

基本②事故は何故起こる

理科の教員は他県等で同じ事故が繰り返されている事実を知っているのだろうか。危険を伴う実験の場合、事故が起こらないようにする安全の確保、児童・生徒への日頃の安全教育が徹底しているのか、この実験にどんな危険が潜んでいるのか事前に生徒に緊張感を持たせているか等学校全体で共有すべき危機意識が低下しているように考える。事件を起こした教員を責めて終わりにしないことが肝要である。「過労死寸前の中学校教員」も存在する中で事前の実験を行う時間的余裕、管理職の事故をタイムリーに取り上げるタイミング、実験の意義や注意点を先輩教員から教えてもらう機会も少ない上に、指導力不足の教員の存在も無視できない。

基本③事故防止について

空調設備しかない理科室での実験をとりやめること、教師が実験をやって一連の動きを動画で撮影したものを見せること、匂いの確認もわずかの量を体験させて事故防止につなげていくこと等も重要である。事故の背景にある次の留意点を再度チェックさせて事故防止につなげる必要がある。

①理科室の整理整頓、②薬品の保管と管理の徹底、③実験内容と何が危険かを十分把握する、④あらかじめ予備実験を行うこと、⑤日頃の児童・生徒への安全指導の徹底、⑥理科備品の定期的点検と修理、⑦緊急事故の応急体制・連絡体制の確立をすること

基本④台風襲来で考えたこと

千葉県の全土に被害を及ぼした台風15号は、計り知れない深い爪痕を残した。事前に分かっていたとは言え、自然の猛威に対し人間が如何に脆弱で危機管理に甘いかを思い知らされた。マッチが擦れない、箸も作れない、薪も割れない児童・生徒もいると聴く。オール電化で便利さになれすぎて枯木や古材で煮炊きができることを知らない児童・生徒に生きる知恵を授ける体験を全教育活動の中でしっかりさせることも災害大国日本には不可欠だと考える。

セクハラ防止

千葉県ではセクハラを防止し、職員が能力を十分発揮できる良好な職場環境を確保するため、所属長及び職員の責務を明らかにし、相談窓口、セクハラに対する対応措置等必要事項を定めている。99年の「男女雇用機会均等法」が施行され、セクハラの理解が広まり、文科省から都道府県、市町村教育委員会に通知された。01年児童・生徒へのわいせつ行為の発覚した教員は原則懲戒免職にすることを求めている。スクールセクハラの理解は少しずつ定着しつつあると考える。

しかし、新聞報道等は減らない。わいせつやセクハラ教員は増えつつあるのか、これまで潜在的に行われていたセクハラが顕在化しているだけなのか減る気配がない。

基本①罪深いスクールセクハラ

筆者が教員になった時、商品の児童・生徒に手を出すことは「厳禁」だった。若い時代にスクールセクハラで処分される教員はいなかった。しかし、現在、児童・生徒の体に触れたり、盗撮をする等のわいせつセクハラ行為で処分される教員は後を絶たない。信頼する教員から児童・生徒へのセクハラ行為は、心身に計り知れない深い傷を負わせる。また、強者と弱者という関係で否と言えないために更に罪深い行為と言える。保護者にとって立場を利用したスクールセクハラは絶対に許せない行為である。

基本②児童・生徒への個別指導

学校は少子化の流れもあって、校舎の中に空き教室が増えてきた。校内でスクールセクハラを行った教員は、廊下から教室内が見えない死角となる教室や密室となる場所での行為が少なくない。具体的には、面談室、保健室、生徒指導室という本来安心・安全であるべき場所が悪用されている。教員と児童・生徒、顧問と部員という絶対的な力関係の差がある場合、一対一の密室で否という声を上げることは不可能である。個別指導や面談等も必要であるので、外から中が見える場所で行うべきである。管理職には、大人が子どもに成績をつける絶対的関係を対等な人間関係にする意識改革が求められている。

基本③教員に徹底させること

風通しの良い職場環境作りの一環として、個別の面談や指導は、第一に学校の決められた教室や場所で計画的に外から中の様子が見える場所で行うこと。第二に教員と児童・生徒の間に机等を置いて、適度な距離を保つこと。第三に決められた教室や場所の「使用ノート」を作成し、緊急事態でない限り、予め教頭に届け出て使用すること等を周知徹底する。また、児童・生徒から被害を受けた旨の相談があった場合、スクールカウンセラーを活用することも重要である。その他の事情聴取も児童・生徒の心的状況を十分踏まえて、複数の教員で本人のプライバシーを考慮した場所で行うことである。その際、被害者と同性の教員が必ず加わることも大切である。

基本④スクールセクハラの未然防止

あらかじめ児童・生徒にスクールセクハラに適切に対応できるように発達段階に応じた指導を徹底しておくことが重要である。職員集団のセクハラ事件を起こすのは、僅かな人である。不祥事と無縁のきちんとした人も一人の加害者も出さないために人権感覚を磨く研修会に出席させるべきである。ただ聴くだけの一方通行の研修会で終わらないように工夫すべきである。教職員が意見交換をする中でセクハラの疑問点を解消し「セクハラ防止の手引」等も活用して共通認識を深めることである。

対教師暴力

対教師暴力事件と言えば、平成10年に栃木県黒磯市で起こった中学校男子生徒による女性教師刺殺事件が思い起こされる。対教師暴力も社会の目に見えない力が働いているのか、当時は激増していた記憶がある。身近な対教師暴力を阻止するための有形力行使について真剣に議論したことを思い出す。教師は真面目な人が多いせいか、生徒の対教師暴力を阻止するために有形力行使を認められないと考えている人が大半だった。対教師暴力を阻止するための過剰にならない有形力の行使は、正当防衛と認められていることを忘れてはならない。

基本①生徒の問題点

対教師暴力は生徒が指導されて発作的に暴力を振るったように見えるが、その遠因に注目しなければならない。対教師暴力に遭遇する教師に共通することは、学級経営の未熟さと反抗的な生徒を拒絶したり、排除する姿勢が感じられた。また、生徒への指導がフェアーでなく、一貫性がないため不平・不満が醸成されて、その思いが一気に爆発して対教師暴力へと繋がったと考える。

問題の生徒は怠学、授業妨害、喫煙等の非行歴、父母の離婚、飲酒、家庭の貧困等を抱え込んでいることが少なくない。担任は生徒が背負っている問題点を学期に一回の面接指導をとおして十分把握しておく必要がある。

基本②荒れた学校の建て直し

学校という生きた組織は、対教師暴力が起こると学校全体が落ち着きを失い浮き足立ってしまう。警察との連携、校内の生徒指導委員会の設置、保護者会での誠意ある説明が求められる。その際、重要なことはとりあえず目の前の火消しだけに眼が向いてしまうと、根本的な解決に結びつかない。ピンチをチャンスにするには、事態を収拾した後の学校をどう建て直すかの見通しを校長がしっかり持つことが肝要である。まず、疲弊した学年団の風通しを良くし、生徒とのコミュニケーションに心掛けるべきである。教育委員会とも連携し、適切なアドバイスを受け入れることである。担任の学級経営力の向上、児童会・生徒会のバックアップ、保護者、地域の力も学校の危機脱出のうえで重要である。

基本③指導の問題点

対教師暴力が起こる背景には、日頃の生徒指導体制の足並みの乱れが必ずある。教師の間で頭髪・服装検査を実施しても若干甘かったり、逆に厳しかったりして、生徒の不平・不満を醸成してしまうこともある。教師の経験不足から生徒の心情を無視して反感を持たれることもある。初期段階の不平・不満、反感から起こる些細な対教師暴力を教師が一人で抱え込んだり、勝手にそれ程深刻に考えないでいると、次の段階で大きな暴力事件になってしまう。初期段階での報告・連絡・相談を徹底し、生徒指導部と学年が連携し組織で対応することが肝要である。

基本④暴力のない学校づくり

暴力のない学校づくりは、どの学校でも生徒指導部任せでなく、全員で情報を共有し共通行動できる体制をつくることである。事件の起こる学校の共通点は、教師と生徒のコミュニケーションが取れていないことである。生徒一人ひとりを大事にしたきめ細かい目配りをする教育を展開することである。保護者、地域との連携を密にした暴力のない学校づくりの基本は、どんな児童・生徒も排除することなく受け入れることである。そして、学校の基本である学習が分かるように常に楽しい学校になるように工夫することである。

開示請求

千葉県では、実施機関があらかじめ定めた個人情報について、口頭による開示請求を行い、即時に開示を受けられる制度を口頭開示請求と呼んでいる。（県個人情報保護条例第28条）県のホームページの知事部局、教育委員会、人事委員会等の「開示請求状況一覧」を見ると、小6児童に係る県立中学校入学者決定、中3生徒に係る県公立高等学校入学者選抜等が約9割を占めている。数の少ない中学入試と異なり、特に高校入試への圧倒的な関心の高さが窺える。ここでは中3生の入学者選抜等の開示請求を中心にして述べてみたい。

基本①開示請求の内容

教育熱心な家庭、塾関係者、中学校現場等から背中を押された中3生徒が各高等学校の事務室に受検票を持参して開示請求に訪れる。「調査書」、「学力検査」結果（総合得点、教科別得点）の印刷された用紙が手渡される。学校現場では、口頭開示期間の3月上旬から4月上旬までの土・日・祝日以外の午前9時から午後4時30分まで受付窓口を設けている。受検票を紛失した場合は、写真入りの身分証（生徒手帳等）が必要になる。開示方法は口頭により伝えられる。「調査書」は1枚10円で交付している。本人以外の保護者等の開示請求では、県教育委員会個人情報保護事務取扱要綱の規定により受検票、保護者の運転免許証、パスポート等が必要になる。

基本②　開示請求で判明したトラブル

市原市の教育長時代に某中学校の調査書に一部誤記載のあることが生徒の口頭開示請求により判明した。1年次の音楽の成績が理科の成績評定欄に記載されていた。事故原因はパソコンの画面上の確認は行ったが、印刷した紙での確認を行っていなかった。生徒、保護者、関係者に多大の迷惑をかけた。教育長として誤記載の影響を最小限に食い止めるために早急に某中学校が受検した千葉市、木更津市等の高校に正しい「調査書」を持参した。ご迷惑をお掛けしたお詫びと合否判定会議のやり直しを依頼した。県教委に相談し、記者会見をすることになった。市教委としてマスコミに謝罪会見を行った。

基本③事故防止に向けて

誤記載が判明しマスコミにも取り上げられ、その影響力の大きさに当事者として責任を痛感した。過去の事例でも関数のミスによる一教科の評定と評定合計値の誤記載、成績原簿の転記ミスや教科の評定の誤記載、データーのコピーやペーストによる特別活動欄の誤記載等のあることも分かった。

進路指導上の事故防止に向けて、県教委から厳しい指導があった。原簿に誤りのないことを十分確認し、誤記載や誤入力を防止する。複数の教員で複数回の確認をする。再度原簿・原本と照合する。作成手順や点検方法等の見直し及び再確認をする。データーの管理及び保全に万全を期す等であった。

基本④複数の目で再確認

指導要録や調査書の進学等の書類の作成点検、管理及び保存を適正に行い、一人ひとりの進路実現に向けて校長を中心に取り組むことが求められている。教育現場では必ずミスが起こるものである。教員は児童生徒の未来を左右する重要な書類作りの責任を強く自覚すべきである。デジタル処理を過信せずに生きた複数の目で再確認を怠らないことである。口頭開示が一般化する中で気になるのは、調査書の原簿となる指導要録等の記載内容が当たり障りのない形骸化した内容になる虞のあることである。

いじめの訴え

いじめは、どの学校でも起こり得るものでなかなかなくせない。校長としてなくそうと思って様々な取り組みをしてきたが、なくせなかった。だからいじめの訴えがあったとき、どのように受け止め、加害者、被害者、保護者、教職員とどう関わって解決を目指してきたかを考えてみたい。なくせないいじめであるからこそ、いじめの訴えがあったとき、どのように受け止め、エスカレートさせないためにどんな手法で乗り越えて来たのかいじめへの基本姿勢をまとめてみたい。

基本①訴えが届いたら

いじめの訴えが保護者や被害者から届いたら、事実確認を速やかに行うことである。目撃者がいれば、一人ずつ複数の教員で聞き取りを行うことである。一人ずつ複数で事実関係を正確に聞き出してまとめることがポイントである。まとめたらその時点で分かったことを管理職に必ず報告することである。管理職の適切な助言や指示を参考にして、被害者の保護者、加害者の保護者への説明となる。被害者・加害者の児童・生徒同士の謝罪はその後である。加害者の児童・生徒にいじめた事実を保護者へ伝えるように言い含めても自分に不利になる情報を十分伝えないことが多い。教員が複数で双方の保護者への説明が終了後、被害者への謝罪となる。

基本②一人で抱えない

年度初めの職員会議でいじめが発生したら一人で抱えずに学年や生徒指導部に伝え、概要が分かった時点で管理職に伝えることである。一人で抱えて何とかなると勝手に考えるといじめの傷口を広げてしまう結果になる。保護者があちこちに相談し、知恵をつけられると容易には解決しない。危機管理の「さしすせそ」の「さ」

は最悪を想定すること、「し」は初期対応を適切に行うこと、「す」は速やかに取り組むこと、「せ」は誠意を持って対応すること、「そ」は組織で対応することである。

管理職も含めて組織で連帯意識を持っていじめを早期に解決する取り組みを続けることが肝要である。

基本③保護者の信頼を得る

被害を受けた児童・生徒の心の痛手を十分に受け止めて信頼される迅速な対応を心がけなければならない。筆者は校長４校目であるが、前任校長からいじめの未解決事例を必ず委ねられてきた。未解決の理由は、担任が抱え込んでうつ病になったり、事実確認の甘さ、保護者への説明・謝罪が適切に行われていなかった。数ヶ月、半年ねじれた事件を解決するのは、解決まで同じ年月を要する。また、事実確認を行ったら、いつ、どこで誰が誰にどんな言動をしたのか時系列の記録としてまとめておくのが大切である。この記録こそが管理職、教育委員会、保護者への説明、謝罪をしたり、最悪の場合、裁判になっても重要になってくる。

基本④児童生徒との信頼関係

「いじめ防止対策法」ができても安心できない。いじめの原点の児童・生徒との信頼関係が構築できない限り、いじめは起こると考える。児童・生徒の居場所の風通しを良くして、担任、教科担任との人間関係が信頼の絆で結ばれていなければならない。

学級経営の集団作りが重要である。児童・生徒の個性を認め合い、一人ひとりを尊重した学校が楽しい、学習が分かる、できる喜びを日々実感させることである。児童・生徒から、保護者からも信頼される学校のチーム力をつけることが、いじめ防止の基盤づくりとして求められている。

令和元年度の危機管理

元号が平成から令和に代わり祝賀のムードが一段落した九月から甚大な被害を及ぼした台風の襲来が複数回あった。筆者の家の近くでは竜巻があり一つの集落が壊滅状態になった。令和2年の幕開けと同時に「新型コロナウイルス」の猛威により、年度末の仕上げの時期に誰もが経験したことのない2月末の唐突な小・中・高・特支の全ての学校の「臨時休校」の要請が安倍総理大臣からあった。学校現場として事前準備の態勢を整える時間も心の余裕もないままどのようにして年度末を迎えているのかをまとめてみたい。

基本①台風襲来

房総半島に甚大な被害を及ぼした9月の台風15号は、観測史上最強クラスで激甚災害に指定された。その後「令和元年房総半島台風」と命名された。台風の翌朝、両手で抱えきれないほどの桜の大木が何本もなぎ倒され、電線が切断され、信号機が作動しなくなり道路は不通になり大混乱、高速道路も不通となり出校できなかった。電気と水道のライフラインが絶たれ、1週間の休校を余儀なくされた。休校措置の後には様々な授業確保、行事の工夫を強いられた。修学旅行を実施した近隣の学校は、道路封鎖で全員が帰宅できずホテルに足止めされた。来年度以降の行事の日程見直しが急務となった。

基本②新型コロナウィルス

中国の湖北省武漢市で発生した新型コロナウイルスによる肺炎が燎原の火のごとく感染の輪を世界中に広げている。千葉県市川市では2月27日、感染者と同じスポーツクラブを教員が利用していたため臨時休校措置をとった。翌日の金曜夕刻安倍総理から全国の小・中・高・特支を春休みまで「臨時休校」にする要請があった。週明けの３月３日が卒業式の予定だったので、急遽会議を開き、在校生、保護者、来賓等の出席をやめ、卒業生と教職員、送辞の生徒会長だけのシンプルな卒業式となった。学校の最大の行事が直前の要請で大きな変更を強いられたことは初めてだった。教職員だけの心暖まる質素な卒業式となった。

基本③修学旅行の延期

本校は２月11日から３泊４日の台湾修学旅行を予定していた。冬休み明けから新型コロナウイルス流行の兆しがあった。１カ月前に業者と延期、変更を含めて検討を始めた。海外から関西方面に変更を決めて、１月31日に延期の説明会を実施した。１週間前に保護者宛文書を発出した直後に奈良・京都で感染者が出たという報道があった。関西も延期せざるを得ない状況になった。

説明会では海外の２万６千円、関西方面のキャンセル料４千円の計３万円の負担を筆者一人が２時間説明した。渋々の納得だったが、罵声と不平・不満の声が繰り返され終了した。来年度の海外修学旅行は見直すこととした。

基本④全校休校

台風による休校、コロナウイルスによる修学旅行の延期、「臨時休校」。筆者の教職経験の中でも未曾有の事態の連続だった。年明けからは入試・合格発表も実施してきた。年度末の卒業式、謝恩会、入学許可候補者説明会、各種会議・終業式等休校中にほぼ中止となった。一刻も早い新型コロナウイルスの終焉を祈るばかりである。

これらのことは令和元年度の語り継ぐべきことである。かつて災害は忘れた頃やって来ると言われた。今は忘れないうちにやってくる時代になった。危機管理の重要性の再認識と即応できる組織作りが不可欠な時がやって来た。

学級の荒れ

学級の荒れの要因は担任が児童生徒との良好な関係を築けないからである。集団をまとめるためには、未熟な児童生徒をどのように指導し動かすか、担任の手綱さばきが重要である。毎年顕在化する整然とまとまる学級と荒れる学級の差は、担任の指導力の有無に他ならない。ささくれ立った反抗的な児童生徒を強圧的に指導する対症療法は、一時的な荒れ防止につながっても再度荒れた学級に後戻りしてしまうことが少なくない。

ややもすると荒れの原因を児童生徒のせいだと考えてしまいがちであるが、多くは担任の力量不足であることが多い。校長は主原因を見極め、組織で荒れた学級を支え担任の指導力向上を図ることである。

基本①荒れの背景

荒れた学級の背景にある児童生徒の実態を正確に把握することが肝要である。学級の底辺に淀んでいる不平・不満、トラブルを起こしたり、トラブルに遭遇している児童生徒をあぶり出すための「アンケート」が有効である。客観的な項目と自由記述の2本立てでかなり具体的な実態把握ができる。思いがけない記述もあるが、まとめてみれば担任の力量不足に起因していることに気づかされる。学級担任が謙虚に力量不足を認め、自分の努力と周りの支えに頼りながら早く自立できるようにすべきである。力量アップのために努力する担任を学校の組織で応援できるチームづくりをすることである。

基本②応急的な支援

荒れた学級担任は孤立し、投げ出したいと考えている。崩壊しそうな荒れた学級は学年だけで支えきれない。副校長、教頭、生徒指導主任、学年主任、養護教諭でチームを組んで荒れを防止しなければならない。荒れた学級の秩序を取り戻すためにルール作りをすることである。応急的な支援としてベル席。離席しない。約束を守る。授業では落ち着いて考える授業が楽しい分かる授業につながることを実感させることである。生活面や授業で秩序が取り戻せれば、楽しい居心地の良い学級へと変われる。次に担任は一緒に遊んで褒めることを心がけて、児童生徒の自己肯定感を高めていくことである。

基本③教師の指導技術の向上

荒れ防止は毎日のスタートがスムーズにできるようにすることである。遅刻する。忘れ物をする。おしゃべりを止めない。指導を聞かない。これらは裏を返せば基本的生活習慣が確立していないからである。学習以前の規律指導が徹底していないからである。経営の基盤作りを担任に支援していく中で確実に教えることである。児童生徒に静かに話を聞かせる技術、表情を読み取りながらしっかり伝える技術、分かる授業、楽しい授業技術をチームで向上させることが大切である。校長は学校の荒れをチャンスと捉え、全体の指導力向上に生かすことである。

基本④指導体制の確立

担任が自分から声を上げて相談できる人は早めの支援を受けて荒れを初期段階で食い止めることができる。どの時点で誰に相談し声を上げるかの判断力をつけることも重要である。校長は教員に寄り添いながら、担任も児童生徒に寄り添いながら信頼関係作りを心がけるべきである。校長は困ったときはいつでも声を上げ、相談できる指導できる体制を構築することである。指導体制の確立をとおして学年主任、ミドルリーダー、管理職の役割もはっきりさせて連携強化を図り、荒れ防止をすることができる。

部活動の事故

学校事故は注意していても起こる。特に部活動における事故は思いがけない大事故から軽微な事故まで繰り返し起こる。校長は各部活動の事故防止のため、最小限にするための練習計画等を工夫させる必要がある。万一の事故にも組織として迅速な対応ができるように救急車の要請、関係する児童生徒の家庭への速やかな連絡等、具体的な手順を日常的に徹底しておかねばならない。各部活動の特性に応じた危険性や事故防止の知識・理解を深めると同時に施設・設備・用具の定期点検等も徹底しておくことを忘れてはならない。

基本①新入生への配慮

部活動の事故が起こると運が悪かったからという言い訳等が伝わってくる。例年起こる事故が特定の部活動に偏っていることもある。その原因を取り除けば、事故防止ができる。その一つに新入生への十分な配慮がある。練習や試合等で不慮の事故を避けるためには、個々の生徒の身体能力や経験に配慮した適切な指導が肝要である。特に新入生と3年生の能力、体力の差は著しいので基礎体力が付いた後、段階的に運動技術向上の練習計画を立てなければならない。新入生の体調管理は自己責任で行うこと、部活動に内在する危険を十分理解させておくこと等をとおして事故防止につなげていきたい。

基本②教員の注意義務

筆者は若い頃、部活動の指導が面倒に思えた時期もあった。楽しくなければ児童生徒も楽しくないと考え直した。生徒の年齢、経験、体力、技能等を勘案して楽しい部活動にしようと決めてから事故防止の活動計画が不可欠だと感じるようになった。特に夏季合宿等では厳しい長時間の練習を強いるので生徒の健康状態や技量を踏まえた適切な注意義務が求められる。指導教員が生徒の身体能力や技量を十分把握し、適切な指導をすることが事故防止につながる。練習試合等で激しい活動を伴う場合は相手生徒との体力、経験、技量等の差を十分考慮して生徒の事故防止に積極的に務めなければならない。

基本③熱中症対策

東京都町田市の中学生がバスケットボール部の練習後に倒れ、熱中症で亡くなった。死者がでる熱中症対策に真剣に取り組む必要がある。同じ気温でも湿度が高いと危険性も高くなるので、環境面を考慮して適切な休憩を取ることである。気温が35度を超えたら部活動は原則禁止を厳守しなければならない。汗をかいたら水分と塩分を必ず補給することが大切である。屋外の種目は帽子の着用、防具をつける種目は適宜休憩時に衣服を緩め熱を逃す。空気の流れが影響する種目は休憩の度に風通しをよくする。猛暑が続くと疲労も蓄積しやすいのでこまめな健康観察をすることと万一に備えて緊急対応できるように万全の体制を整えておくことが重要である。

基本④高校総体の中止

令和２年４月史上初の高校総体中止が決まった。総体を夢見てきた高校生の心情は察するに余りある。新型コロナウイルス感染症を懸念した危機管理からの最終判断である。感染リスクや臨時休校、部活動の原則禁止からくる準備不足等も考慮した結論で致し方ないと考える。春の選抜・夏の高校野球を始め、各競技の選抜大会も軒並み中止になった。３年生は練習成果を示す場が失われた。進路にも今後多大な影響が及ぶだろう。選手の安全のための中止には従わざるを得ない。18の夏の泪は最後にして欲しいものである。

保護者対応

学校における保護者対応は信頼される学校づくりをするためにその声に耳を傾けながら、学校の立場も明確に示して行かなければならない。時には些細なトラブルが対応のまずさからねじれて、繰り返しの苦情電話や学校にクレーマーとして押しかけてくることもある。子どもの非を認めず、他の子どもを批判し、担任の対応の悪さを指摘したり、言質をとって担任を苦しめる理不尽なモンスターペアレントも時々現れてくる。校長は保護者の声や願いの中にクレームになる要素が潜んでいるかもしれないと考え、日頃から各学年と管理職の連携を密にしておくことである。

基本①保護者の声を見極める

保護者が学校に声を届けるとき、何を期待しているのか冷静に見極める必要がある。保護者の声の真意が共感であったり、相談が要求、苦情であることもある。最初に学校に寄せられた声を聴くとき、顔の見えない電話でのやりとりよりも基本は学校に来ていただき、面談することが大切である。電話だけだと保護者の表情、声音、一挙手一投足が分からないからである。最初から要求や苦情だと分かれば、担任一人でなく、学年主任にも同席してもらうことである。二人で話を聞くときは、一人がメモをとり、単なる相談か、要求、苦情なのか、まとめて管理職に必ず報告・連絡・相談することである。

基本②対応の基本

生徒指導の困難な学校では、担任が直ぐ出張申請をして、保護者と会っていた。これは保護者対応で大きな誤りがあるので、筆者は改善した。出張は本来校長の命令でなされるべきだからである。保護者と会う場合、基本は学校である。やむなく学校に来れない場合のみ出張が許される。保護者の言いなりになれば足下を見られてしまう。学校で会うときも時間を区切り、関係のない人の同席は認めないこと、複数で会い、必ずメモを取ることである。不平・不満の真意がどこにあるのか十分話を聴いた後、学校から説明し理解させることが保護者対応の基本である。

基本③教職員の姿勢

保護者の要求や苦情も、学校の誠意ある対応で溜飲を下げて一件落着する場合もある。保護者対応は初期対応がポイントである。小学校は、児童の指導、学習指導、交友関係、中学校では生徒指導、学習指導、部活動等が主なクレームである。教員の姿勢としてまずは相手の言い分をよく聴くことである。こちらに問題やミスがあれば、素直に認めて謝る勇気も必要である。学校は謝ることに不慣れなところがあるためクレームの解決が遅れてしまう。

特にクレームは管理職に直ぐ知らせて、組織で解決することが肝要である。学校で対応できる範囲を超えている場合は、教育委員会に必ず相談することである。

基本④学校の反省点

若い担任は保護者対応が下手である。校長は下手でも上から目線を止め、誠実な対応ができるように指導すべきである。保護者の話を最後まで聴こうとしない教員も少なくない。プライドが高くてホウレンソウが徹底できず、こじらせる教員は、前例に拘り、非を認めないために保護者と信頼関係が築けなかった。ミスがあれば謝ればよい。謝らないと信頼関係は崩れてしまう。直ぐ研修会が必要という人もいるが失敗事例を教職員で共有する積み上げも学校の反省点として重要である。クレームは予防し発展させない経験知を教職員が会得することである。

転落事故

転落事故は忘れることの出来ない深刻な事故である。校長として「安心・安全な学校づくり」をするために校舎内外を歩いてみると、学校は危険が一杯である。児童生徒の生活の場の登下校から授業時間、休み時間、昼休み、放課後の部活動の時間の中のわずかな隙をついて忍び寄る油断から転落事故は起こっている。転落事故例は文化祭の準備中にベランダから転落、修学旅行中にベランダから隣の部屋へ移る途中に足を滑らして転落、テスト勉強をしていて教室からベランダに降り、体勢を崩して転落した事故等があった。振り返れば、3年に一度のサイクルで重大事故に遭遇している。

基本①校長の足跡

一日に一回は校舎内を歩くように心掛けている。課題の多い学校現場を安心・安全な学校にするには、校長の足跡が経営の肥やしになるように校舎内外をしっかり見て回ることである。転落は大怪我や死亡事故に直結する。児童生徒の気の緩み・油断の場面を見逃すことなく、時々警鐘を鳴らして、緊張感を持続させることが肝要である。不審者の学校侵入による事件をマスコミはかつて大きく取り上げてきたが、転落事故こそ目立たないが毎年起こり続けている。即死でなくても数カ月後、半年後に命を落としている現実は重大事故として見なければならない。

基本②繰り返される転落事故

大阪教育大学附属小学校で起きた深刻な児童殺傷事件により、学校現場は不審者を校門で食い止めるため、日中は校門を閉め、事務室には刺股が常備された。事件の深刻さが日本の教育現場の日常を大きく変えた。不審者の殺傷事件よりもっと児童生徒の死亡数の多い転落事故は軽視されているように思えてならない。毎年繰り返される転落事故も学校の危機管理の一環として、校長は真剣に向き合う必要があると考える。学校は学級指導、学習指導、放課後の部活指導がメインである。転落事故はそれ以外の休み時間、昼休み、放課後等児童生徒の行動を把握できない盲点をついて起こる。学校の疎かになっている時間帯の事故を見逃してはならない。

基本③忘れられない事故

新任校長として着任した第一学期中間考査前の放課後、部の顧問の補習終了後、窓から霧よけに降りようとした生徒が4階から転落した。発見者から第一報があった。マンホールの蓋の側に転落していた。腰を強打したが意識はしっかりしていた。救急車の要請後、教頭、養護教諭、担任を呼び、保護者への連絡、救急車の同乗者、随行車の手配をした。緊急職員会議を招集し、概要の説明、一緒にいた生徒の動揺を抑える配慮をした。窓から霧よけに降りるのは厳禁だが、気の緩みから転落事故を起こしてしまった。建物の構造に起因する事故だが、事前の教職員、生徒への指導を徹底しておくべきだった。

基本④施設・設備の点検

校長は児童生徒に対する「法的安全配慮義務」を負っている。そのため常にリーダーシップを発揮して教職員に危険の予知と回避ができる組織づくりをしておかなければならない。筆者は児童生徒の死と隣り合わせの転落事故を経験してきた。安心安全な学校は転落事故等の予想される死角を見逃さないことである。児童生徒とともに校内危険マップを作成したり、教員の目で再度死角に光を当てて危険場所を一覧にすることも重要である。校長は日常の注意喚起の声かけを怠らないことである。

交通事故

学校現場は、令和2年2月27日の夕刻、安倍総理大臣からの「臨時休校」の要請があった。3月2日から春季休業に入るまで休校措置をとることになった。4月7日には、緊急事態宣言が発令され、5月6日まで「臨時休校」が延長された。その後、国は5月31日まで緊急事態宣言を延長した。学校は年度始めの交通安全指導を例年通り実施しないまま6月から本格的な教育活動がスタートした。臨時休校中は、国や自治体からの不要不急の外出を自粛するように強い要請があった。これまで警察署が繰り広げていた交差点や幹線道路、街頭で行われる交通安全指導は全て見送られた。

基本①コロナ禍での交通事故

コロナ禍で交通事故の件数や負傷者数は例年より減少しているという。しかし、児童生徒が犠牲になる痛ましい交通事故は相変わらず起こっている。臨時休校期間中の4月には、神奈川県川崎市の小3の児童が自転車で公園に向かう途中、車にはねられて重体になった。5月には、東京都江戸川区で中1の男子生徒が自転車で横断歩道を渡ろうとして車にはねられ死亡した。緊急事態宣言が発令され、不要不急の外出が減り、交通量も減った。交通事故も減少しているにもかかわらず、児童生徒の悲しい交通事故が減らないのはどうしてなのか。

基本②コロナ禍での教職員の交通事故

交通量が減った混まない道路では、「スピード違反」が大幅に増え、事故も増えたという。学校の危機管理は、児童生徒と教職員の交通事故防止に気をつけなければならない。校長は緊急事態宣言以降、スピード違反の検挙率の増加、重大事故につながる可能性が高いことの注意を促すべきである。コロナ禍でも交通量が減った安心感から通常よりスピードを出してしまいがちである。普段どおりの運転をしているつもりでも、急いでいれば、誰もがアクセルを強く踏み込んでしまう。いつもの道でも常に子供の飛び出しなども想定して注意深く走行するように、常にタイムリーな注意喚起が必要である。

基本③自転車の事故防止

通学途中の自転車事故で死亡した生徒がいた。自転車にも「道路交通法」の車やバイクと同様に安全運転の義務があることを繰り返し指導している。二人乗りや危険走行をすれば、加害者として厳しい責任が問われる。14歳以上の加害者は刑事責任が問われ、加害者は被害者に対し、損害賠償の責任を負う。また、被害者への見舞や謝罪等の道義的な責任もある。自転車の運転はハンドルを握った時から自己責任が原則であること、交通ルールを正しく守ることである。自転車事故も死亡事故に直結していることを粘り強く指導しなければならない。

基本④忘れられない交通事故

近くの小学校の死亡事故は、祖父母が自分たちのために作った墓に孫が一番早く入ることになった。特に低学年児童は、中学生のように状況に応じた判断が上手くできないので、赤信号が青に変われば、一気呵成に飛び出してしまうこともある。ただやさしく「危ないよ」「注意しなさいよ」では、命を守ることにつながらない。命を落とさないために、信号が青になっても左右の確認、道路に絶対飛び出さないという交通ルールやマナーの基本を教師や保護者がお手本を厳しく示す必要がある。

急がば回れで、遠回りしても横断歩道を渡ること、横断禁止場所を絶対渡らないことを徹底したいものである。

自殺

今回のテーマは重いので、取り上げたいと思いながらも逡巡してきた。日経新聞6月22日の教育欄「新しい学校生活の課題は」の記事の中で、Q「長期休校が生徒の心身に与えた影響をどう見ていますか。」A「全国的に学校が再開した6月上旬、中高生の自殺が相次いだ。」という全日本中学校校長会三田村裕会長の発言が背中を押してくれて、取り上げることにした。千葉県の私学協会の会合でも、自殺のことがそれとなく話されていたことを覚えている。学校現場にとって避けて通れない重要な喫緊の課題と受け止めて、筆者が過去に遭遇した自殺にも触れながら執筆してみたい。

基本①看過できない数字

文科省は平成30年度の児童生徒の自殺者が332人いたことを公表した。昭和63年以降、最多人数である。自殺の要因の内訳は、家庭問題が41人、親の叱責が30人、進路の悩みが28人、いじめが9人、最多の不明が194名、全体の6割を占めている。男女比では男子が193人、女子が139人で昨年度より82名増え、1・3倍になった。今年度もコロナ禍による「臨時休校」、学校行事の見直し、三密を避けた授業、マスク着用、消毒の励行等未曾有の状況下での児童生徒のストレスは計り知れない。各学校で自殺者を出さない危機管理をしなければならない。

基本②遭遇した自殺事件

筆者が経験した自殺事件は3件ある。「お母さん明日6時に起こしてね」と告げて寝た陸上部男子の自殺。交際相手に不信感を持っていた女子の自殺。クラスの成績トップの優秀な男子生徒が家庭の問題から自殺。3例の報告を受けて、自殺の前に何らかのサインがあったのではないかと尋ねても担任から説得力のある説明がなかった。長い間の担任経験から考えても、自殺には必ず予兆としてサインがあるはずである。多分複数の悩みを抱え、困難な状況を抜け出すために早急に決着をつけたい気持ちが生きたい気持ちを凌駕しての自殺だと考える。そのサインを受け止めることが未然防止につながる。

基本③適応機制の習得

思春期は誰もが集団生活からの要求と自分の考え方の食い違いを経験して、悩み苦しみ、落ち込むことがある。この心の混乱は自分で考えたり、友達と話したりする中で現実を受け入れ、適応する術を自ら会得していかなければならない。どの学校現場でも起こり得る自殺を含めたいじめや不登校、暴力等は、発達心理学でいう発達課題の習得過程で必ず起こると言われている。学校生活において困難に遭遇しても現実を受け入れ、上手くやっていく適応機制が求められている。困難に適応機制で適切に対応できない不適応の生徒の増加が課題である。

基本④援助希求能力

10代で自傷行為をした人の７％は、10年以内に自殺既遂者となり、未経験者の自殺既遂のおよそ４００倍になるという。自殺の前段階の深刻なアピールだと受け止める必要がある。自傷行為をした生徒とは面接相談できる関係を構築しておくことである。

自傷行為をせざるを得なかった精神的な苦しさに寄り添って、苦しさに共感したり、話してくれたことに理解を示すことである。共感しながら自傷行為がエスカレートする懸念をしっかり伝えることも肝要である。話してくれた援助希求こそが自殺防止の力になる。常に親身に話を聴く関係を作り、「援助希求能力」をアップさせることが最重要である。

万引き

多くの家庭では児童生徒が親の手を離れて、部活動に参加したり塾等に通うようになると出費が増えてくる。それに伴って母親の就業率も高くなった。最近は父親の陰も薄くなり母子家庭も増えた。働く母親は子供のしつけを学校任せで、無責任な家庭も増える傾向にある。休日を子供だけで過ごしている家庭も少なくない。子供にとって大切な家庭の団らんや触れ合いも減少している。大型店舗の進出、子供の欲しがる刺激的な商品の購買心をあおる刺激的な宣伝や情報が満ちあふれている。家庭環境悪化の中でやり場のない欲求やストレスのはけ口として、万引きに手を染めてしまう児童生徒も増えた。

基本①生活環境の変化

最近の田舎は大型店舗が進出してきたので、児童生徒は欲しいと思ったものはだいたい手に入るようになっている。かつては欲しいものを我慢した後、ようやく手に入れた喜びから持ち物を大切にする心を養ってきた。

しかし、めまぐるしい流行に振り回されて、直ぐ飽きてしまい、また次のものが欲しくなる悪循環で初発の万引き行為に駆り立てられている状況も見逃せない。自転車盗難でも施錠も記名もなく、自分のを盗まれたから他人のものを盗んだ例もある。また、子供たちを取り巻く生活環境もテレビや漫画等も暴力的な表現が多くの児童生徒の道徳心や規範意識にも大きな影響を与えている。

基本②万引きの通報

担任は万引きの通報を受けたら、管理職、生徒指導主任に分かっている範囲の事実を5W1Hで正確にメモして伝えることである。学校の危機管理はトップダウンが基本である。正確な情報の集約が正確な判断を下すことに役立つ。時間の経過とともに新しい情報が入ってくるので、時系列で正確を期して記録することである。情報管理は担任等に責任を持ってまとめさせる。保護者には、万引きした店舗や警察への迎えを依頼する。保護者と連絡が上手く出来なければ学校が対応することになる。必要に応じて教育委員会に連絡し相談することである。迷惑をかけた店舗へ急行し謝罪と事実確認をする。

基本③児童生徒の指導

筆者が関係した万引きはコンビニの映像を確認して欲しいと連絡があった。確認すると学級の生徒だった。本人を呼んで確認しても自分でないと強く主張した。コンビニに同行して、ようやく非を認めた。再発防止に向けて生徒指導主任が中心になり叱責や説諭等を含めた指導と支援を始めねばならない。担任は生徒の受容に努めることが肝要である。生徒の生育歴や家庭環境、事件の背景も総合的に判断して、なぜ万引きをしたのか、問題点に自ら気づくように粘り強く指導しなければならない。万引きは初犯は少ないので、家庭の協力が不可欠であることをしっかり伝えることも重要である。

基本④再発防止への対策

万引きは明らかな「窃盗罪」である。初犯でない場合が多い。菓子や文具等から次第に高価なものに複数で手を出す場合もある。万引きの商品を校内で売買していたケースもあった。万引きは手強い、根深い事件である。児童生徒の集まる場所の把握、近隣の小・中学校と連携したパトロール、情報交換、周辺の店舗と顔なじみになることも重要である。生徒指導で苦慮した学校では、事件が起こる度に「事例研究会」を実施して、担任団の指導力を向上させ、再発防止に全校で取り組み、効果を上げた。

学校安全計画の作成

生きた人間を預かる責任のある学校は、6歳の児童から18歳の生徒まで、幅広い年齢層が混在している。毎日の学校生活は安心・安全が当たり前である。一日6時間の授業、放課後の児童会・生徒会の活動、部活動も行われている。事件や事故、災害はいつ、どこで何が起こるか全く分からない。管理職は常に全教職員に学校安全計画の重要性を徹底させることが大切である。万一事故や事件が発生しても、発生時の被害をできるだけ軽減するための学校安全計画を作成しなければならない。ボトムアップで教職員の考えも踏まえて作成することが、安全意識向上のために必要である。

基本①学校安全計画の原点

「学校保健安全法」第27条には「児童生徒等の安全の確保を図るため」、自校の「施設及び設備の安全点検」、「通学を含めた学校生活」や「日常生活における安全」指導、「職員の研修」等の学校安全計画を策定し、実施することが義務づけられている。

学校安全計画には、安全教育・安全管理に関する事項、組織活動を取り入れる必要がある。特に安全教育に関しては、教科横断的な指針を立てて教育課程に位置づけ、各学期ごとの年間計画を作成することである。併せて学校内外の組織体制を整備し、校内の研修を計画的に推進する必要がある。

基本②自校にふさわしい計画か

自校の学校安全計画作成に当たって、これまで経験した事故は言うまでもなく、同じ地域や近隣で発生した児童生徒に係る事件・事故のプロセスを考慮し、何が自校の計画に必要かを明確にすることである。児童生徒の事故や事件に対する知識や態度をアンケート調査し、安全指導の指針を踏まえた計画を立てることである。校長は完璧と言っても過言でない計画を作ることより学校の規模、児童生徒の人数、施設設備の機能、耐用年数等一つ一つ点検・確認をしてから作成すべきである。当然ながら作ることが目的ではなく、いざという時に児童生徒の命を責任持って守ることが肝要である。

基本③計画より訓練こそ重要

２００１年の大阪教育大附属池田小学校の痛ましい無差別殺傷事件から学校現場の危機管理が大きく変わった。教育関連施設には「警察官立寄所」の看板やシール貼られた。防犯ブザー等を携帯する児童も増えた。心肺蘇生を学ぶ契機にもなった。監視カメラの設置、名札の廃止等も行われた。しかし、地域の学校は開かれた学校と真逆の閉ざされた施設を未だに続けている。筆者はこの実態を改めて考えるべきだと思う。人の多い都市部と大きく異なる田舎の学校までもが、門を閉ざしている。各教育委員会で慎重に検討すべきではないかと考える。

基本④訓練の後の見直し

無差別殺傷事件以来警察と連携し、防犯訓練を実施している学校もある。しかし、危機意識は薄れ、事務室の隅に埃をかぶった刺股のある学校もある。最近は「カラーボール（C・B）」や「ネットランチャー（N・R）」等の防犯機器が普及し、設置されている。使い方を理解せずにただ置いている学校もあるという。C・Bは犯人に命中させるにはかなりの訓練が必要である。N・Rの単一電池が用意されていない学校もあるという。マニュアルは簡潔であること、教職員に十分理解されていること、いざという時にも使用できる状態になっていることと併せて訓練を重ね、常に見直すことが重要である。

コロナ禍のクレーム

学校はサンドバッグであると言った校長がいた。サンドバッグは、クレームをしっかり受け止めることと激高した厳しい言動を弱めることができる。クレームの要求はその真意を冷静に複数で分析することである。コロナ禍の増えたクレームをただ批判的に受け止めるのではなく、冷静に分析し、相手の出方を考慮し、解決策を想定してから柔軟に対応するとよい。危機管理の「さしすせそ」は、第一に最悪を想定し、初期対応をしっかりする。次にスピードを持って、誠実に、組織で対応することである。

基本①担任へのクレーム

コロナ禍の様々なクレームの中から2例を取り上げる。学習塾の宿題があるので、宿題を出さないでと言ってきた。塾に通っている児童生徒だけを特別扱いはできないこと、学校の学習をしっかり定着させたり、学習習慣を身に付けるための宿題であることを伝えて理解させることである。次に学習障害のある児童生徒の指導に時間をとられ、授業に支障を来しているという声がある。障害児者に対して、ただ我慢を強いるのではなく、健常児が障害のある児童生徒を扶助することの大切さを丁寧に指導し、受け入れる寛容さが育てられると保護者からのクレームもなくなる。

基本②保護者の暴言

激高した保護者が学校に押しかけて担任に暴言を吐いたり、押し問答を繰り広げることがコロナ禍に複数回あった。学校は保護者の勢いに尻込みして遠慮がちの対応をしたり、臆病になってしまわないことである。筆者は常に闘う校長としてチームの先頭に立つ覚悟である。保護者の教員に対する暴言、脅迫、暴力等は紛れもない犯罪である。「いじめ防止対策推進法」でも警察への通報義務を課している。社会で許されない行為はいじめ同様学校内でも絶対に許されない。学校は治外法権の場ではないので、毅然として誠実に闘うべきである。

基本③コロナ禍の説明会

筆者の学校では、２月11日に海外修学旅行を予定していた。コロナウイルス感染症が少しずつ広がり始めた中で、関西方面に変更した。運悪く１月上旬に京都で中国留学生、奈良で武漢の旅行者を乗せたタクシー運転手が感染したという報道があった。

１月末に修学旅行延期の保護者説明会を実施した。キャンセル料の海外・国内を併せて３万円の負担を依頼したが、納得してもらえず、２時間半校長一人で説得をした。理解を示してくれた人が数人でむなしい思いをした。その後も校長室に怒鳴り込んできた保護者もいた。今は延期の文書に続いて中止の文書を発送し、返金も終了し一件落着した。

基本④保護者対応の処方箋

学校へのクレームは千差万別で、同じクレームのように見えても保護者の意識、受け止める教員、管理職の経験知により変容してしまう。だらしない脇の甘い教員に対し、学校に出かけていってクレームを伝えることはコロナ禍でも勇気がいると考える。保護者からのクレームは止むに止まれず困り抜いて言ってきていると捉えるべきである。担任にクレームを言えば、関係がこじれることを承知で言ってきているのである。どんなクレームにも学校はチームで闘うことが肝要である。後ろに静観していてクレームを言わない多数の保護者のいることを忘れず、一所懸命、一人一人に寄り添いながら誠実にクレームの真意を理解し丁寧に対応することである。

児童生徒の喧嘩

日々の学校生活の中では、児童生徒の小さなもめごとから喧嘩に発展することが少なくない。多忙な教員にとって小さなもめごとにどんな危険因子が隠されているか分からないことが少なくない。日常の児童生徒の行動観察も重要な学級経営のポイントになってきている。最近の若手の教員の一部は、腰が引けているせいか「見逃す、見過ごす、見落とす」ことも散見される。

この3つの言葉は「見」で始まり「す」で終わるので「3つのミス」と筆者は呼んでいる。3つのミスをしないように心掛けていても、児童生徒の喧嘩の解決は理不尽な保護者も増え困難が伴うようになってきた。

基本①担任の指導

児童生徒の身近なトラブルの現状を見てみると、子どもの頃から集団の中でもまれる経験や対人関係を良好にする術を学んでいない。若い保護者は自分の子どもだけ見て、喧嘩等の対立を客観的に見ることができない。若手の教員も対立の状況を解決へと導く術を持ち合わせていない。校長にはこの3つを踏まえた学校経営が求められている。

未熟な担任には、善悪を一方的に決めつけないで喧嘩の原因をじっくり分析させることである。子どもには失敗を自ら話させることである。以前のことを持ち出さず、焦点化して冷静に判断して指導することである。

基本②保護者からの相談

喧嘩は保護者からの突然の電話で知らされることが多い。朝の打ち合わせや取り込んでいる時は、後刻かけ直すことである。苦情の電話でも丁寧な口調で親身に対応することである。必ず時系列でメモを取りながら、不明な点は確認しながら聴くことである。食い違う点があっても最後まで辛抱強く聴くことである。冷静に落ち着いて話を聴くだけで苦情が相談で終わるケースもある。気をつけたいのは、担任だけで判断できない場合は、後ほど管理職と相談してから連絡することである。長電話になると早く終わりにしたいと思う気持ちが保護者に伝わってしまい、こじれる原因になり信頼を失う。

基本③問題行動の報告

最近はＳＮＳを使用したり携帯電話で保護者と話したりしているが、直接会って顔を見ながら報告するのが基本である。家庭訪問か来校してもらうかは、保護者の希望を確認して決めることである。家庭訪問は事前に保護者の了解を必ず取ることである。玄関で話す時も入口を必ず閉めて学校で把握している事実だけを伝えることである。思い込みやはっきりしていないことは避けることである。来校してもらう場合は、電気を付け、できれば玄関で出迎えて、校長室等に案内することである。保護者プラスワンで対応し、来校への感謝を伝え、話を終えた後、ねぎらいの言葉をかけて玄関で送ることである。

基本④もめごとの原点

保護者の感情を逆なでする言動に気をつけることである。「ご家庭で責任を持ってしっかり指導してください。お子さんが手を出すことが多いです。余りにも小さなことにこだわり過ぎていませんか」等は厳禁である。些細ないじめでも管理職に伝え、早急に事実関係を調べてご報告しますと伝えることである。もめごとのない担任から学んだことだが、出勤したら自分の教室を確認して、教室の汚れ、整理整頓を確認し、子どもの使用するトイレも点検していた。朝の会、帰りの会で児童生徒の小さな変化も「３つのミス」をしないことが肝要である。

登下校の交通事故

　連日のコロナ禍の報道の続く中でも、校長は一年中、児童生徒が交通事故に遭わないことを祈る思いで日々過ごしている。安全であるはずの通学路で、なぜ交通事故が起こるのだろうか。それは各自が十分に気をつけていても運転する人の油断、不注意、交通ルール違反等があるため、残念ながら皆無にできない。だからといって諦めてもいられないのが登下校の交通事故である。児童生徒の安全指導をする中で、1件でも減らすための具体的な取り組みを改めて見直し、学校としての交通事故ゼロを目指していかなければならない。

基本①安全マップの作成

　最近は地域の防犯意識の向上もあって「地域防犯マップ」が作成されたり、それをベースに子供目線で危険箇所をクローズアップした「通学安全マップ」が作成されている。マップの作成にあたっては実際に児童と保護者、学校関係者が歩いてみて、登下校の安全確保の視点から急がば回れの精神で、可能な限り安心安全な通学路を設定することである。

　要注意箇所が一カ所でもあれば、具体的な注意点を関係者が共通認識しておくことである。危険箇所の朝晩等の時間帯による注意点を子供目線で具体的に盛り込み、作成することが重要である。

基本②交通事故発生

　事故発生の連絡を受けた教職員は、氏名、場所、状況、通報者名、連絡先、119番通報の有無を確認し管理職に速やかに報告する。管理職は複数の教員に名簿を持たせて現場に直行させる。見聞の詳細を記録させ、氏名が分かった時点で保護者への連絡を行う。救急車が到着していなかったら、２次被害に会わないように安全な場所に移動、応急措置等を行う。救急車が到着していたら、１名は同乗し医療機関で医師から診察状況を聴き、管理職に報告する。救急車が出発していたら、消防署に搬送先を確認する。医療機関に行った教員から事故状況を管理職に報告する。保護者、教育委員会へ必ず連絡する。

基本③危険予測・危険回避の能力をつける

年度始めに「マップ」を作成して安心してはいられない。通学路の道路工事等で一時的に道幅が狭められることもある。定期的な通学路の点検を実施することも大切である。児童生徒への安全指導をする上で、見通しの悪い交差点、地下道、川や池等の危険箇所を定期的に点検することで、保護者や見守隊への協力依頼、継続的な安全対策を図ることができる。地域全体で見守る体制ができれば、決められた通学路以外の道を通れば、様々な危険が待ち受けていることをしっかり理解させることができる。そのことを繰り返し指導する中で危険の予測と回避する能力を身につけさせたいものである。

基本④事後の対応と連携

被害児童生徒の状況にもよるが、管理職、担任は速やかに見舞いに行くべきである。保護者の相談には誠実に対応し、事故を目撃した児童生徒には、スクールカウンセラーに相談し、心のケアに努めることである。事故は単路の横断歩道のない場所、時間は薄暮、年齢は７歳児が多いことを念頭に置いて、保護者に事故防止のための家庭の役割、見守隊への登下校指導の依頼をする。登下校の児童生徒の安全確保のためには、地元の警察との連携が不可欠である。学校警察連絡協議会等を通じて地域の様々な情報交換、交通安全教室の実施等、登下校時の安全確保のための取り組みを継続していく必要がある。

不登校とトラブル

不登校の児童生徒は休む前のトラブルを抱えた時点でその兆候に担任が気づき、声かけや相談ができればよいが、なかなかできそうでできないジレンマがある。筆者もこれまで担任として、立ち直った生徒、転校して元気になった生徒、立ち直れないまま引きこもり状態になった生徒たちと関わってきた。初期段階でその兆候を掴み、本人、保護者と担任・学年がチームとなって、意思疎通のできた場合は、立ち直っていることに気づいた。上手くいかない事例は、担任と保護者の人間関係が良好でないためにその不登校に入った期間に信頼関係が築けない場合、膠着状態が続き長引く結果になっている。

基本①担任との関わり

「出席簿」や「学級日誌」から欠席の多い児童生徒の状況をきちんと把握し、その理由を確かめておく必要がある。毎日の遅刻や欠席の連絡を副校長や教頭が受け取ることが多いと思う。明らかな病名がある場合、怪我の状態がはっきりしている場合を除いて、休みがちな児童生徒は不登校の可能性があることを考慮に入れて保護者と応対する必要がある。

朝になると腹痛で不調を訴えたり、トイレに入ったらいつまでたっても出てこないことが常態になったら、担任と学年、管理職が連携して、担任をしっかりサポートしていかなければならない。

基本②担任の家庭訪問

週1回か2回の欠席が、3日連続になったら躊躇せずに家庭訪問をすべきである。生徒の状況を速やかに把握し、支援の手を差し伸べるために家庭の雰囲気を知り、本人や保護者の心中を慮って、不登校の原因の話が出ても素直に耳を傾けて、受容することが保護者との信頼関係を築くことになる。筆者の経験では、本人が出てこれなくて、会えないまま帰って来たこともあるが、会えなくても保護者と話ができて、信頼関係ができればよしとすることである。家庭訪問の目的は、本人が学校に復帰するまで粘り強く尽力することを伝えることである。

基本③壊れた人間関係を再構築する

不登校は欠席までのねじれの長短によって、学校復帰の期間に差が出てくる。友人関係のトラブルも担任が静観し親身になってくれなかったことや不満があると信頼関係を築くことが難しい。信頼できない担任が仲間の中に入ってくることで事態が悪化することを恐れている。壊れた人間関係を再構築するのは至難であるが、本人、保護者にとって信頼できる味方であると信じてもらうことが重要である。話し合いができるようになれば、不登校の原因探しではなく、今できること、考えていることに耳を傾けて本人に解決策を考えさせることが重要である。

基本④不登校生の対応と連携

担任は不登校の児童生徒に親身になって一日も早く学校に復帰できること願い、家庭と二人三脚で取り組むことである。スクールカウンセラー（S・C）や関係機関と連携し、児童生徒にとってよりよい環境づくりも必要である。家庭が経済的に厳しい場合、学校だけで児童生徒、保護者の支援をするには限界がある。S・Cだけでなくスクールソーシャルワーカーとの連携も時には必要な事例も増えてきている。

現場は目の前の課題もある中、不登校生に対し、対症療法的に済まし、予防・援助の指導に最前線の担任がセンサーを磨く暇がないのが大きな課題である。不登校の問題も避けて通れない深刻な重要な課題である。

学級崩壊の防止

学校現場の年度の始まりの4月は、児童生徒も新しい仲間づくり、新しい担任との人間関係づくりから相互に緊張を強いられる。4月までの緊張感が緩んで5月のゴールデンウイーク明けから学級崩壊の兆しが見え始め、保護者からのそれを心配する電話があって、管理職も気づかされる。指導が不適切な教員に対し、日頃から管理職として気にかけていても、学級崩壊は暫時進行して起こってしまう。管理職として、自校の教員の何が不適切なのかを日頃から注意深く観察して、児童生徒からの情報、職場の中からもたらされる情報を慎重に分析し、チームで対応していくことが肝要である。

基本①学級崩壊の始まり

不適切な教員に共通していることは、第一に授業計画に基づいた教科に関する専門的な知識や技術が不足している。第二に騒がしい児童生徒を静かにさせる授業に対する熱意が薄く、学級経営力がない。

第三に児童生徒を是々非々で叱ったり、児童生徒を理解しようとする意欲に欠けるため生徒指導ができない。教科指導、学級経営、生徒指導の全てが力不足の教員でなくても、そのうちの一つの綻びからも徐々に学級が坂道を転がるように崩壊していく。学級が崩れるのは短時間であるが立て直すのは至難である。崩壊の予兆に気づく初期対応が重要である。

基本②指導が不適切な教員への対応

教職経験の浅い教員の場合は教科指導、学級経営、生徒指導の経験不足から学級崩壊してしまうことも考えられる。しかし、ある程度の経験を積んだ教員の場合は、本人の意欲や資質、能力不足が原因なのか、家庭的な問題や単なる怠慢が原因なのか管理職は見極める必要がある。指導が不適切である教員の年代や在職年数は、文科省の公表データでも40代や50代の20年以上の教職経験者の割合が他の年代と比較して圧倒的に多い。子育てや親の介護等の問題を抱えて苦慮している場合もあるのでよく状況を見極めて指導・助言することが肝要である。

基本③未然防止の取組

校長は日頃から学校として指導力不足の教員を出さない取組も重要である。教員にはまれに何でもこなせるバランスのよい人もいるが、その他の多くは大なり小なり得手不得手があるのが一般である。不得手は自信がないことである。指導が不適切である教員を含めた授業研究、学級経営、生徒指導の校内研修等を実施し、多くの教員の抱えている不安の芽を摘んだり、不安を解消できるように配慮することである。筆者の若い頃、生徒指導の「事例研究会」が学期に１回あり、目の前の教育課題に適切に対応する多くのヒントをいただけた記憶がある。

基本④取組への優先順序

学級の不安を連絡してきた保護者には担任任せではなく、学年・学校として適切に対応していくことを伝えるべきである。指導力不足教員に対し、決めつけや頭ごなしの指導は厳禁である。校長は日頃から一人一人の教員の得手不得手を十分に把握し、指導する場合は、具体的に改善に結びつく支援・指導をしなければならない。

自信がなくて不安を抱えている教員が孤立しないように、不安や愚痴を聞いてくれる相談相手を用意することも大切である。黙っているからと言って校務の整理をせずに負担をかければ鬱を発症したりする。指導に当たってはカウンセリングマインドが重要である。

熱中症

熱中症は学校現場でも身近な事例として、油断すると発生してしまう。校長として5月の連休明けから養護教諭と連携して、死亡事故にもつながる確かな危機意識をもって対応しなければならない。熱中症は、熱に中るという意味である。軽いものから重い「熱射病」まである。筆者には忘れられない「熱中症」がある。それは部活動の顧問が、真剣さが足りない生徒に腹を立て、グランドを走ることを指示して、そのことを忘れて、他の仕事をしていた。生徒が何人も倒れるという考えられない事故が発生した。生徒に厳しい教員は得てして自分に甘い教員が少なくない。油断できない事例である。

基本①熱中症の障害

熱中症は一般的に大きく四つに分けられる。明確に分けられないため、相互に重なっている場合もあるので4段階の一番重症度の高い「熱中症」を常に疑ってみることがポイントである。

「熱失神」は、炎天下でじっとしていて、急に立ち上がった時にめまいや失神（一過性の意識の障害）の症状がある。足を高くして寝かせると通常は回復することが多い。

「熱けいれん」は、大量の発汗がある。水のみを補給をした場合、血液の塩分濃度が低下して起こるものである。生理食塩水（0・9％の食塩水）等の濃いめの食塩水の補給や点滴で通常は回復する。

「熱疲労」は、脱水からくるもので倦怠感、脱力感、めまい、吐き気、頭痛などの症状が起こる。スポーツドリンク等で水分、塩分を補給することで通常は回復する。水が飲めない場合は点滴が必要。

「熱射病」は、体温調節が破綻して高体温、意識障害が起こるのが特徴である。意識障害は周囲の状況が分からない状態から昏睡まで様々である。脱水から起こることが多く、血液凝固障害、脳、腎、肝、心、肺等の全身の多臓器障害を合併し、死亡率が極めて高い。いかに早く体温を下げられるかがポイントになっている。救急車の要請が求められる。

基本②熱中症への注意

熱中症は温度が高い場合と湿度が高い場合、徐々に暑さに慣れる軽めの運動から始めることが肝要である。梅雨明けの体が暑さに慣れていない時は要注意である。上記の四つのうちの特に「熱射病」には気をつけなければならない。反応が鈍くなったり、言動がおかしくなったり、意識障害の症状が見られたら、重症の熱中症を疑って、救急車を依頼する校内の体制づくりも求められる。

最近のニュースでも適切な措置が遅れてしまい、高体温から多臓器不全を併発して、死亡事故につながることもあるので、教職員の共通理解と共通行動が求められる。

基本③未然防止への取組

熱中症発生は午前10時から午後４時の時間帯に起こっている。暑い季節は朝や夕方でも発生することを忘れてはならない。学校では年度初めに「要配慮児童生徒の一覧」を作成している。

校長は各担任に該当児童生徒の疾病等を覚えさせておかねばならない。一覧に未掲載の肥満傾向の人、体力のない人、病弱の人、体調の悪い人のチェックも大切である。学校管理下の熱中症事故の７割以上が肥満傾向の児童生徒であることは銘記しておく必要がある。野球、サッカー、柔剣道等のランニングやダッシュを繰り返す部活動も注意が必要である。天気予報に十分注意し、暑さが異常であれば中止させる校長の沈着冷静な決断も重要である。

不審者対応

　各学校現場が不審者対応に本格的に取り組むようになったのは、平成13年6月に児童8人が死亡、教員2名と児童13名が重軽傷を負った大阪教育大学附属池田小学校事件からである。この事件を契機に全国一斉に校門を施錠したり、ガードマンを置く学校まで出てきた。学校は都市部から過疎の地域まで千差万別である。都市部の人口密集地の施錠は当然であるが、地方の小規模学校まで施錠することに疑問を呈する人もいた。学校の危機管理は「児童生徒、教職員の生命や心身の安全確保、危険を発見して事件・事故を未然に防止し、児童生徒、教職員の安全確保が最重要である」。

基本①日常の安全指導

　学校の日常は緊張と弛緩の繰り返しである。絶えず緊張を強いると必ずひずみが生み出されてくる。弛緩が続くとその脇の甘さを突かれて事件や事故が起こるものである。程よい緊張と弛緩の中で、校長は教職員と不審者対応の意見交換、研修会等をタイムリーに行い、共通理解の前に共通行動ができるようにしておくことが肝要である。

　児童生徒の登校が完了すれば、正門を閉じる。児童生徒には、「訪問カード」を付けていない見知らぬ人がいたら、直ぐに近くの教員に知らせること、登校と下校の時間、決められた通学路をきちんと守ること等の徹底する。

基本②地域との連携

　危機管理の基本は、校内の教職員の意識と不審者への対応の徹底、校外の地域との連携が大切である。地域の見守隊との連携や職員の登校指導をとおして児童生徒の実態を知って、指導を積み上げていくのが校長の役割である。朝の交通指導は交通安全だけでなく、児童生徒の安全確保への重要な活動となる。月に1度は「子ども110番の家」から安全に係る情報があれば、必ず寄せてもらうことである。併せて地元警察にも定期的な巡回を依頼しておくこと、通学路の工事等があれば、早めに情報を知らせてもらうなど、地域との連携も忘れないことである。

基本③緊急時の安全管理

不審者情報が寄せられた時は、被害を未然防止するために近隣校と密接に連絡を取り、確かな情報を入手することである。次に安全を確認し、保護者に引き取りを依頼するか、教職員の付き添いで集団下校するか、授業を切り上げるか、児童生徒への注意喚起で済ますかは校長の判断である。

万一の緊急時は110番通報し、次に学校へ通報をする。その際、不審者に出会った時刻、場所、関わった人、車やバイク等のナンバーをメモしておくことである。携帯電話での撮影、喫緊の場合は大声を上げたり、民家に助けを求めること指導しておくことである。

基本④校長のリーダーシップ

不審者対応は危険を予知した事件の未然防止と事件・事故の適切な対応、事後処理が大切である。危機管理は学校を取り巻く地域や環境にもよるが、成否の鍵を握るのは校長である。

学校の教育活動の全責任を負って、不審者対応も含めた諸課題をどんな見通しを持って、確実に解決できるかが校長のリーダーシップである。学校の事件や事故は、教職員と問題を共有し力を合わせて解決しようとする当事者意識を持たせることが校長の経営管理能力である。不審者対応を含めた危機管理の基本は校長の日々の校内巡回で足跡を残し、気づいたことを着実に解決していく日々の積み重ねが重要である。

個人情報の流出

学校現場では細心の注意を払い、児童生徒、保護者等の多くの個人情報を扱っている。主なものとして住所録、電話番号、成績一覧表、通知表、個人面談や生徒指導、教育相談の資料、生徒指導要録等がある。これらの個人情報を万一紛失したり、流出すれば、社会的な信頼を失うだけでなく、内容によっては損害賠償に発展する可能性もありうる。教員の日常業務は学校で行うことが徹底されつつあるが、親の介護、子育て、本人の病気等で自宅で業務を行わざるを得ない状況も否定できない。現状は時間外労働の概念が希薄なため、残念ながら個人情報の流出につながる事故が後を絶たない状況もある。

基本①安易な持ち出し

個人情報に係る資料は鍵のかかる金庫等に保管することが徹底されているが、一方で保管義務を怠って、クラス名簿、学力調査の個人票等を職員室の机に置いたまま退勤して紛失している。PC等の情報機器の整備に伴い、個人情報が紙ベースからUSBメモリーに保存されるようになり、安易な持ち出しが可能になって情報流出が増えている。電子媒体は児童生徒の膨大な個人情報を取り扱っていることを校長は時々注意喚起を促す必要がある。規定の周知徹底は言うまでもないが、定期的な見直しと前例に寄らない実効性のある指導をする必要がある。

基本②流出事件の深刻化

個人情報の流出は、書類や情報の保存されたUSBメモリーの管理ミスが大半だったが、最近は教育の情報化に伴い、児童生徒の学習支援をする「学習ネットワーク」、成績管理や学籍管理を行う「校務系ネットワーク」の構築が進捗している。特に「校務系ネットワーク」は児童生徒、保護者の膨大な情報を管理している。数年前に佐賀県で発覚した学校教育ネットワークへの不正アクセス事件は、逮捕された少年が学校の無線ＬＡＮを悪用し、校務用・学習用のサーバーに不正アクセスしていた。従来の流出事件に比べ、被害の大きさが深刻であった。

基本③セキュリティの強化と未然防止

情報活用能力の育成、プログラミング教育の導入等新学習指導要領への対応と合わせて、ＩＣＴ環境の整備や教員の働き方改革にも取り組む必要がある。その前提に情報セキュリティの強化が不可欠である。文科省策定の「教育情報セキュリティポリシーに関するガイドライン」を教職員に遵守させることが重要である。学校の業務のＩＴ化は大きく進展したが、便利さの影には個人情報の流出という大きなリスクがあることと、万一の場合には計り知れない被害が学校に及ぶことを十分認識し、紛失や盗難等の事故の未然防止に細心の注意を払うべきである。

基本④校長の監督責任

４月の学習指導要領や学期末の成績処理の事故は、筆者の経験上紛失・盗難が多かった。

校長は電子媒体が学校全体の大切な個人情報を取り扱っていることと、規定を無視して情報を流失すれば「規定違反」となることを教職員に強く意識させることを忘れてはならない。規定を折に触れて周知徹底するだけでなく、規定違反があれば見直しも必要である。見直す中で実効性のある規定の精度を上げていくことである。規定違反の非違行為は校長の監督責任が問われる。

教職員の不祥事は監督者の校長も懲戒処分を受けなければならない。校長は学校全体のたがを日頃から引き締め、教職員の当事者意識を高める必要がある。

いじめと不登校への対応

各小・中学校では、その地域ならではの特色ある教育活動を展開している。いじめ防止や不登校の児童生徒に対応する中で、学力向上を目指した取り組み等、校長を中心に学校の課題解決に真摯に取り組んでいる。目に見えないいじめの防止と様々な要因で起こる不登校の問題は、学校が逃げてはならない永遠の課題である。いじめの根底、不登校の根底に何があるのかはっきりと見えない。しかし、毎日の学習の楽しさ、分かる喜び、努力した成果を確かな手応えとして、一日の終わりに児童生徒が感じ取れる楽しい学習を核に据えたいじめと不登校を減らす取り組みこそが今問われていると考える。

基本①風通し良い学級づくり

いじめや不登校の温床にならない学級経営の基本は、児童生徒の人となりと家庭状況をしっかり掌握していることである。

風通しの良い学級の第一段階は、保護者のクレームの電話等に慌てずに事実を正確に伝えて、誠実な対応ができることである。学級内の児童生徒の力関係、集団の核にいる児童生徒を見極めてリーダー、サブリーダーを育成するのが第二段階である。風通しの良い学級の仕上げは、学習に前向きで、陰日向なく行動できる弱者の面倒も見られる仲間から認められ、支持される真のリーダーを育成する担任の学級経営力が求められる。

基本②認め合える学級づくり

コロナ禍以前から「学級集団の力の欠如」について指摘する人がいたが、終息の見えない閉塞状況の中で、学校行事もなくなり、人間関係の潤いのない悪循環が続いている。集団の力の欠如は、本来どの学級集団も自浄作用があり、いじめや不登校の児童生徒を押さえる目に見えないバリアが脆弱になったからである。担任の経営力と関係しているが、学級で認め合うことが心から称賛する「認め」でなく「傍観者」としてその場にただ居合わせて、見ていただけということに終始していないだろうか。この「傍観者」をなくすことがいじめ防止につながる鍵と考える。

基本③認め合う人間関係づくり

人間は誰もが存在していることに価値がある。その存在価値だけで良好な人間関係は築けない。低学年から学年が上がるにしたがって、行動の価値を共有し、集団の中のどんな行動、成果をもたらすことが有意義かを指導し、児童生徒とその価値を心から認め合える学級集団を作り上げるのが担任の重要な役割である。認め合える集団づくりに成功すれば、みんなで決めたルールを守る規範意識も育つ。役割を与え、成果を共有し、認め合うことの繰り返しで自己肯定感が高まる。集団の一員としての一人一人の確かな居場所づくりにつながるからである。

基本④校長のリーダーシップ

児童生徒のよい行動は、担任が心から褒めて認めてやることである。良い点を児童生徒に具体的に伝えることである。その繰り返しで褒められたり、認めてもらうための望ましい態度に気づけるようにすることである。好ましくない行動やルール違反をしたら、校長は教職員に対し、担任は児童生徒に対し、毅然とした厳しい態度で注意を促し、行動をただすことである。

教職員や児童生徒は優しさだけでなく、厳しさを同時に求めていることを忘れてはならない。いじめや不登校を減らすためにも校長は、児童生徒の不正を見逃さない見過ごさない、見落とさないリーダーシップを発揮しなければならない。

教職員の交通事故

児童生徒を交通事故から守るべき立場の教職員が非違行為で交通事故を起こしたら、教育に対する信頼や期待が一気に損なわれてしまう。教職員の交通事故は、それほど多くないが忘れた頃に時々起こる。身近かな例では、ひと昔前、教職員の飲酒運転で死傷事故があった。当該教員は当然懲戒免職となった。事故は1件起こると、不思議だが次々と事故が起こった。管理職になる前は、年間八十回位あった飲み会で、事故すれすれの事例も幾つか見てきた。筆者はこれらの事例を契機に、校長になってから飲酒を止めた。周りから「よく止めたね」と言われが、止めることを決断して健康になったと考える。

基本①交通事故を起こしたら

勤務時間外の場合は、負傷者の救護を優先し、現場の2次被害防止、警察へ連絡、事実確認に立ち会う。次に相手の住所、氏名、電話番号、勤務先等の確認、負傷者の搬送先の病院、負傷の状況把握と学校へ一報を入れる。その際、目撃者がいれば、住所・氏名を聞いておく。勤務時間内の場合は、状況に応じて、管理職等が現場に直行し、補足があれば適切な措置を行う。管理職は教育委員会へ第一報を入れ、新たな情報があれば、その都度連絡を入れなければならない。「事故報告」を提出し、窓口を一本化し、記録を残す。

基本②忘れられない酒気帯び運転

酒気帯び運転でも免職となることは現場でもかなり浸透してきたが、1%にも満たないわずかな教員が、見つからなければという安易な気持ちから不祥事を起こしているのが現状である。かつて、真面目な教頭が歓送迎会に遅れて行けないので、自家用車で会場に向かい、近くに駐車した。終了後仲間と2次会に行き、焼酎2杯とラーメンを食べて別れた。電車で帰宅するつもりだったが、終電の時間を過ぎてしまったので、2時間寝た後、大丈夫と思い運転し、信号無視で警察官に制止された。飲酒検知の結果、酒気帯び運転の現行犯で逮捕された。

基本③重い懲戒処分

飲酒運転は事故の有無にかかわらず免職となる。代行運転を依頼するつもりが、面倒臭さから捕まらないだろうと高を括った点に大きな誤りがあった。校長から飲酒運転を厳しく指導されても教頭が重大な違反行為をしていては職場の示しがつかない。校長は飲酒にまつわる研修や講話を実践しても、免職処分者が出ることを強く認識すべきである。

飲酒の案件は、処分が実名公表され、教育委員会、学校や自宅にも抗議の電話が入る。家族が体調を崩し、収入を断たれ、途方にくれているところに、社会的制裁の刑事処分の罰金、行政処分の減点、運転免許の取消処分に続いて社会的制裁が待ち受けている。

基本④交通事故の未然防止

朝夕の通勤、出張等は、交通法規の遵守と安全運転を心掛けることは言うまでもない。時には車を降りて通学路を歩くと、自動車等が走る凶器と言われる訳が理解できる。

交通事故はどんなに気をつけていても相手の油断からもらう事故もある。軽微な事故を起こす教員がいたが、やや注意力散漫であった。校長は、身近な交通事故の報道があれば、必ず取り上げて①運転を過信しないこと。譲り合いと思いやりの心で高齢者や子どもの特性を認識すること③交差点でも徐行し、死角に安全確認をすること。④夜間や雨天の運転は慎重にすること⑤車間距離・制限速度を守ること等を徹底しなければならない。

無断外泊や家出

無断外泊や家出の事例は以前よりかなり減ってきた。無断で家を出る原因は様々であるが、日頃放任であるにもかかわらず、携帯電話にも出ず、連絡ができなくなると保護者はとても不安な時間を過ごすことになる。無断で家を出る理由は親子のトラブルが殆どである。理不尽な親に愛想を尽かしてやりきれないと思い、許せない親に最大の抵抗が無断外泊である。多くのプチ家出と言われる無断外泊は、友達の家に上がり込んで、一時的に親を困らせてしまうことが分かって行動している事例を見てきた。子供の言い分に耳を傾けて、頭から否定しなければ、子供も自分なりに考えて行動するものである。

基本①無断外泊や家出の危険

かつて担任した生徒は家を出たが、淋しくて、怖くて帰ってきた。また、一人親家庭の親が夜勤でいないために朝まで泊めてもらった事例もあった。

夜、大人がいない家は危険が一杯の場所であることも少なくない。全てではないが、一部には飲酒・喫煙・不純異性交遊の場所となるケースもあった。これらの場所に出入りするようになると危険である。危険な場所に近づく前に無断外泊は止めなければならない。戻ってきたら親は「どれほど心配していたか分かるの」と言う。しかし、原因は親にある場合が多く、生徒が被害者であることが少なくない。

基本②緊急対応

事故や犯罪に巻き込まれて、生命の危険に遭遇する場合もある。家出かどうかの判断も関係機関との連携、保護者と連携を図る中で所在を確認し、無事保護できるようにしなければならない。プチ家出か長期戦になるかは不明である。

学校と家庭が連携し、教育委員会にも相談しながら、校長は情報収集に努め、今後の対応にしっかりとした具体的な指示を出すことである。置き手紙の有無や携帯電話のやり取り、金品の持ち出し、服装、親戚への立ち寄り、自転車の使用の有無等を保護者に確認をする。関係機関との対応は窓口を一本化することである。

基本③家庭との連携

万一犯罪や事故に巻き込まれたり、自殺の場合も想定し、行方不明者届を保護者に提出してもらう。保護者と上手く連絡が取れない場合は、教育委員会と相談し、警察に事前に状況を伝えておくことも必要である。学校が家出の対応に当たっては、本人の人権やプライバシーにも十分配慮しなければならない。また、級友から行方不明の生徒の情報収集をする場合は、行方不明者の保護者の同意を得ることと他の生徒が興味本位に受け止めたり動揺することがないように慎重に対応することが求められる。校長は教育委員会と十分相談することが重要である。

基本④無断外泊や家出の未然防止

担任は日頃からよりよい学級経営をめざす中で児童生徒の一人一人の人となり、言動・服装・頭髪等の微妙な変化にも注意し、見極める眼を持つ必要がある。校長は困ったこと、悩んでいることがあれば、担任やスクールカウンセラーに気楽に相談できる学校の体制づくりが必要である。相談をとおして早期に悩みごと等を発見できれば、未然防止に役立てることができる。保護者にはＰＴＡ研修会、学年懇談会等を実施し、児童生徒の発達段階に応じた具体的な関わり方の情報提供の機会をつくることである。

児童生徒が保護者や家庭内のもめ事を抱えている場合も増えているので、アンテナを高くして適切な助言をすることも大切である。

個人情報の課題

学校における個人情報の流失・紛失等の事故は後を絶たない。教育の情報化は目まぐるしく進展し、教材や文書の共有、学習成績等の一括管理が可能になった。しかし、大変便利になった一方で、暗い影を落とす個人情報の漏えい事件等はなかなかなくならないのが現状である。各学校では、研修を実施して未然防止の努力を重ねていることを声を大にして外部には知らしめたい。各学校では、個人情報を扱う業務は原則として校内で行うことを徹底している。そのＰＣの使用も学校の貸与したものや学校のあらかじめ指定したＰＣで行うこともかなり浸透してきている。

基本①職員室の個人情報

個人情報を扱う教員の意識やＰＣの使用法は浸透してきたが、一部責任の重さを十分自覚していない教員のいることも事実である。校長は折を見て、職員室にある教務手帳、生徒の個人調査票等の管理の徹底を指導しなければならない。筆者も若い頃教務手帳や答案を教室に忘れてきたことを思い出し、急いて引き返した経験がある。「1件の重大事件の陰には29件の軽度の事故と300件のヒヤリ、ハットがある」という「ハインリッヒの法則」を思い出す。校長は職員室における情報管理と持ち出しの手順を時々根気強く周知徹底しなければならない。

基本②学校が管理する個人情報

学校が管理する個人情報は①教職員名簿、履歴書、出勤簿、健康診断票、勤務評定等の職員関係。②指導要録、家庭環境調査票、考査の成績、健康診断票等の教務関係。③卒業証書台帳、指導要録、進学資料等の学籍関係。④児童生徒の答案、作文。以上の氏名の記されているもの、学校日誌、保健日誌、教育相談日誌、職員会議録、事故報告書等の時系列に管理されているものがある。これらの個人情報は安価なＵＳＢの普及により、大容量のデータが記録できるため、学校からの持ち出しもできるので、紛失漏えい事故につながらないようにすべきである。

基本③身近な紛失事故

某教諭は学期末に急用のため帰らなければならなくなった。校内の所定の手続きをして、成績データの入ったＵＳＢをカバンに入れて持ち帰った。途中、家族から買い物を頼まれ、カバンをおいて買い物をした。車に戻るとカバンごと盗まれたことに気づいた。教諭は情報管理者の校長に紛失した情報と暗号化、パスワードの報告と紛失場所店舗や警察へも届け出を行った。次にカバンの中身やＵＳＢの色・形も伝えた。校内に事故対策委員会を設けて、外部との窓口の一本化を図った。教育委員会に一報を入れ、指導助言を受けて、連係しながら対応した。学校から保護者への謝罪と通知を行った。

基本④再発防止への取り組み

個人情報の漏えいの規模や影響が大きいことが予想されれば、緊急の全校集会や保護者会を開いて、経緯の説明と丁寧な謝罪を行わなければならない。

事故対策委員会で再発防止の実施手順を見直し、どこに問題があったのか、当事者だけでなく、学校全体で二度と事故を起こさない組織づくりが肝要である。事故が起これば苦情、クレームが学校に押し寄せてくる。隠ぺい工作にもくれぐれも注意することである。再発防止に向けては、保管方法や持ち出す手順のルールの再確認と一人一人の教職員が個人情報への強い責任と自覚をもって共通行動ができたら、次に共通理解を徹底することである。

パワーハラスメント

筆者の世代は、パワーハラスメント（以下、パワハラと表記）という言葉が存在しない時代に、教員として学校における学級経営、部活動等をスタートさせてきた。若い頃は管理職より怖い一目置かれる実力者がどの学校にもいて、だらしない教員に「きちんとした服装でなければ生徒指導ができない。出直して来なさい。」と指導された。打ち合わせや会議等に遅刻すると「時間を守れない人間は、生徒指導はできません。教員失格です。」と厳しく指導された。今ならパワハラだが、筆者は厳しい先輩の指導を受けてきたので、筋金入りの教員に育てていただいたと考える。

基本①パワハラと指導の相違点

現場でパワハラの様々な事例を見てきた。パワハラを行った教員は「善意の指導をしたまでだ」と主張する。パワハラを受けた教員は悪意の言動、いじめの言動は明らかなパワハラだと主張する。どちらの言い分にも一理あるが、上司の立場・権力を利用して相手に苦痛を与えればパワハラである。精神的な苦痛を負わせうつ病を発症し、療養休暇を取る教員も出てきたら問題である。指導とは相手に寄り添って、指導の理由をわかりやすく説明することである。パワハラを行う教員には、相手の思いを無視した言動がパワハラと認めさせることが大切である。

基本②パワハラの留意点

明確な誰にとっても人権侵害になる言動でない限り、一回だけの少し言い過ぎた言葉が、即刻パワハラには該当しないと考える。小さなことでも相手が傷つくことを繰り返し行って、精神的ダメージを与えることはパワハラになると考える。コロナの感染者数は激減した。しかし、いずれ飲酒の機会が増えれば、職場の人間関係が持ち込まれ、その場の言動が相手を傷つけパワハラとなることもある。日頃の校務の失敗に対し、指導の助言や周囲の評価を好意的に受け止められずに非難されたと勘違いしてしまう教員も存在しない訳ではない。パワハラは沈着冷静に根本原因を冷静に見極めることが重要である。

基本③パワハラの防止

例えば立場のある教員から「こんな間違いをするとは信じられない」「こんなこともできないの」と言われても打たれ強い教員は「以後気をつけます。申し訳ありません」で済む。しかし、メンタルがデリケートな教員は、傷ついてしまい、意気消沈してしまうケースが少なくない。指導と助言の適正な基準は一人一人異なるので、相手の人となりを十分わきまえて適切な言動を取るように心掛けなければならない。パワハラの免疫のある教員は毒舌は愛情の裏返し程度に考えていて、パワハラに該当しないと勝手に思い込んでいる場合は指導が必要である。

基本④校長のリーダーシップ

各現場では、年度初めの職員会議から、折に触れてパワハラのない職場づくりを目指している。しかし、一部のパワハラの自覚がない教職員が指導・助言のつもりで意図せずに限度を超えて相手を傷つける場合が少なくない。部下や指導される教員は、職務に精通していないためにパワハラと感じても、一人で我慢をしていることがある。校長は困ったことがあれば我慢せずに相談できる体制をつくらねばならない。校長は盲点となりがちな事務職員、臨時的任用講師、常勤講師等にも目配り、気配りを忘れないことである。管理職をはじめ全ての教職員がそれぞれの立場を相互に尊重することが肝要である。

セクシャルハラスメント

セクシャルハラスメント（以下、セクハラと表記）は、相手を不愉快にさせたり、時には傷つける人権侵害である。教育委員会からも毎年「学校からセクハラをなくすため」のリーフレットが現場に配付されている。セクハラの理解は学校現場に浸透しつつある。しかし、懲戒処分や訓告を受ける教員が後を絶たない実態のあることも事実である。学校生活の場で児童生徒がセクハラかなと思ってもなかなか声をあげづらいこともあるので、はっきり「止めてください」と伝えたり、児童生徒だけで解決しようとしないで大人に相談するように指導することが重要である。

基本①学校の組織作り

セクハラは教職員間で発生することもある。教職員が加害者で、児童生徒が被害者になる場合は、学校嫌いになったり、不登校や精神疾患を発症して、児童生徒の心身に深い傷を残すこともある。その点を踏まえて校長を中心にした指導体制を確立し、日常の教職員間の報告・連絡・相談等が円滑に行われるように職場の風通しをよくする必要がある。

児童生徒のサインを見落とさないように日頃から細心の注意を払い、良好な人間関係を築いておくことも大切である。相談窓口を開設し、セクハラ防止委員会を設置し、定期的に開催することである。

基本②校内研修

教職員がセクハラを重大な人権侵害にあたる行為であることを強く認識し、日頃の言動を見直し、人権感覚を磨き意識改革を図ることである。教職員が児童生徒の発達段階に応じた指導方法について、研修を通して共通理解を図ることである。基本的な知識を身に付けて、具体的な事例を取り上げて実際に被害にあった児童生徒の気持ちを考えることを通してセクハラの認識を十分深めることである。児童生徒にはセクハラと感じたときに拒否したり、相手に不快の意思表示をすることを教えることである。性的被害にあいそうなときは、声をあげたり、その場から逃げることをきちんと教えるべきである。

基本③セクハラが起きたら

被害を受けた児童生徒と同性の教職員が加わり、プライバシーを守れる部屋を用意し、複数で相談に乗ることである。「相談に来てくれてありがとう」とやさしい声かけを通して児童生徒に安心感を与えることである。児童生徒の話を傾聴し、不明な点についてだけ確認し、最後まで粘り強く聴くことが大切である。スクールカウンセラーと連係し、継続的に支援し、保護者にも十分説明をすることである。児童生徒からセクハラの相談を受けたり、校内で見かけたら管理職に必ず報告をする。万一教職員の加害者が出た場合は、事情を説明し、校長を含む複数の教職員で事実確認を慎重に行うことである。

基本④事故報告と謝罪

校長はいつどこで誰が何をしたのか正確に確認し、事故報告をまとめなければならない。加害者の教職員の心から反省した謝罪なのか、今後の再発防止を望んでいるのか、被害を受けた児童生徒の保護者の真意を探る必要がある。被害を受けた児童生徒が心理的精神的なストレスを受けないように、加害者の教職員と分離するようにして、安心して学校生活ができるようにサポートをすることである。被害を受けた児童生徒の保護者が強く謝罪を求めている場合は、その要求を加害教職員に伝え、誠意をもって対応できるようにしなければならない。

あとがき

第1部の「あいうえおシリーズ」は『月刊プリンシパル』（学事出版）に「50音でわかりやすく学ぶ校長、副校長教頭、ミドルリーダー、初任者、担任等あいうえお」、「校長、副校長教頭、ミドルリーダー、初任者、担任等学研究会」として、匿名で1年間連載したものです。
「校長あいうえお」は、２０１７年４月号から２０１８年３月号まで
「副校長・教頭あいうえお」は、２０１８年４月号から２０１９年３月号まで
「ミドルリーダーあいうえお」は、２０１９年４月号から２０２０年３月号まで
「初任者あいうえお」は、２０２０年４月号から２０２１年３月号まで
「担任あいうえお」は、２０２１年４月号から２０２２年３月号まで

第２部の「やさしくわかる学校の危機管理」は２０１９年４月号から２０２３年３月号まで、３年間「白鳥秀幸　元千葉県市原市教育長　横芝敬愛高等学校長」として、連載したものです。この連載は、既刊の月別・課題別の対応ポイント『学校管理職の超基本』（学事出版２０１６年６月）につづく「超基本」を意識して執筆したものです。そのため、今回の出版にあたり、タイトルを「学校危機管理の超基本」に改めました。

私は、学事出版の第４回「教育文化賞」に応募した「姉崎高校のホップ・ステップ・ジャンプ」が「最優秀賞」に選ばれました。審査委員長の菱村幸彦氏（国立教育政策研究所名誉

所員、元文部省初等中等教育局長）が授賞式で「百の施策より一人の熱血教師」と話されたことが、大きな力となって今日まで「めげない、ぶれない、あきらめない」精神で、現在も地元から「潰れる学校」と言われる横芝敬愛高校の立て直しに、教職員とともに尽力しております。

現職校長として、学校経営を楽しみながら、２本の原稿を5年間づづけるのは「大変だったでしょ」と言われましたが、私は楽しみながら書いてきました。私は他に前任校の敬愛学園高校時代から始めた生徒向け「白鳥通信」（10日、20日発行）を横芝敬愛高校でも継続しています。「3年日記」も毎日書いています。書くことは楽しいので、月刊「プリンシパル」が休刊になったのが、今でも残念でなりません。

「教職あいうえお」「学校危機管理の超基本」を読まれた方がそれぞれのお立場で少しでも、参考にしていただければ幸甚です。

２０２３年8月

白鳥　秀幸

白鳥 秀幸（しらとり　ひでゆき）

1950年（昭和25年）千葉県市原市生まれ、市原市立戸田小・戸田中卒業、県立市原高卒業、法政大学法学部・文学部卒業

1976年（昭和51年）習志野市立大久保東小、1978（昭和53年）県立浜高（新設校）、1986（昭和61年）県立木更津高（伝統校）

1996年（平成8年）県教育庁指導課指導主事、県総合教育センター研究指導主事、県立幕張総合高校教頭、指導課高等学校指導室主幹（特色化選抜導入年）、主幹兼教育課程室長（高校訪問導入年）

2004年（平成16年）県立姉崎高校校長（「自己啓発指導重点校」指定導入年）として3年間「学び直し」による学校再建

2007年（平成19年）県教育庁教育振興部副参事兼教育課程室長

2008年（平成20年）県内最大規模の幕張総合高校長として文武両道を目指した学校改革。千葉県高等学校教育研究会（会長、国語部会長、看護部会長）、千葉県産業教育関係高等学校連絡協議会（理事、会長）、千葉県高等学校長協会（監事、副会長）等を務める。

2012年（平成24年）7月から3年間市原市教育委員会教育長

2015年（平成27年）9月から敬愛大学経済学部客員教授

2016年（平成28年）敬愛高等学校長　初の私学経営。朝読、シエスタを導入し、学校改革。

2019（令和元年）横芝敬愛高校長　朝読、シエスタ、教育課程に「学び直し」を週4時間、3年間位置づける。地域に開かれた地域から信頼される、地域になくてはならない学校づくりに奮闘中

【著　書】

『あねさきの風』上　学事出版　2011（平成23年）4月

『あねさきの風』下　学事出版　2012（平成24年）5月

『まくそうの風』　　学事出版　2013（平成25年）3月

『「学び直し」が学校を変える！』日本標準　2015（平成27年）12月

『学校管理職「超」基本』　学事出版　2016（平成28年）6月

『句集　ローカル線』（株）ハシダテ　2022（令和4年）8月

【共　著】

『荒れ克服』実践レポート～実践の成果と舞台裏　教育開発研究所 2010（平成22年）7月

『高等学校　入学・卒業式辞集』学事出版　2019（令和元年）6月

教職あいうえお
―校長・教頭・ミドルリーダー・担任・初任のコツとアイデア―

2023年8月20日　初版第1刷発行

著　者・白鳥　秀幸
発行人・安部英行
発行所・学事出版株式会社
〒101-0051　東京都千代田区神保町1-2-5
電話 03-3815-9655
https://www.gakuji.co.jp

装　　丁　岡崎健二
印刷・製本　研友社印刷株式会社

ISBN:978-4-7619-2960-2　C3037